« À JEU DÉCOUVERT »
Collection dirigée par André Coutin

ANNIE GIRARDOT

# VIVRE D'AIMER

ÉDITIONS ROBERT LAFFONT
PARIS

ISBN 2-221-05357-5

*A ma jolie, ma petite ritale, à Grand Jean, Petit Jean, à Renato ma transalpine.*

*A Isabelle Pelletier :*

*Quatre ans d'attente sur le pas de ma porte, sur le seuil de ma page blanche. Ding-Dong : surgit Isabelle, mon étincelle comme un archet. Et de fous rires en complicité, de travail en amitié, naît en moi la passion d'écrire.*

*Isabelle : un magistral coup de cymbale qui résonnera encore longtemps dans la musique de ma vie !*

6 juin 1944. Soixante mille tonnes de bombes tombent sur Caen. On était là, planqués dans la cave, ma mère, mon frère et moi. Je me souviens encore des pots de confitures et des étagères qui tremblaient. Brusquement, j'ai regardé ma mère et j'ai pensé : « C'est maintenant ou jamais... »

« Parle-moi de papa. »

Si j'ai osé lui poser cette question, c'est parce que je croyais qu'on allait mourir. Et puis, de mon père, on ne m'en avait jamais parlé. Un père, je ne savais pas ce que c'était. Même aujourd'hui, dire « papa », je ne sais pas. Question de pudeur. Il s'appelait Auguste...

J'avais onze ans. J'ai appris la fin de l'histoire trente-deux ans plus tard.

# 1.

# Naître et mourir en Normandie

## *Rue de la Falaise*

Nous habitions à deux pas de l'usine de Caen où ma mère avait été engagée comme sage-femme. Les bombardements, on connaissait : le hurlement des sirènes, le sifflement et l'explosion des bombes ; les cachettes aux quatre coins de la maison ou de la cave en priant pour ne pas finir écrabouillés ; les fins d'alerte où l'on restait encore longtemps enfermés à cause des éclats d'obus qui continuaient à tomber un peu partout ; le ramassage, dans le jardin, des éclats qui nous brûlaient les doigts. Mais, cette nuit-là, ce n'était pas comme d'habitude, alors, on a tout de suite pensé : « C'est le débarquement ! »

Au petit matin, nous nous sommes précipités au bord de la falaise qui dominait Caen. Le ciel était noir d'avions et de parachutistes. Il y avait les éclairs de la DCA ; les avions, en flammes, déchiquetés, qui s'écrasaient avec leurs pilotes ; les parachutes, en torche, qui tombaient en toupie ; le ciel à feu et à sang. Caen, en ruine, fumait sous les bombes et je voyais l'horreur, l'horreur de la guerre. Et puis les torpilleurs sont arrivés par la mer et ont commencé à nous canarder à coups d'obus de marine. A tout prendre, je préférais encore les bombès. Tant que je les entendais siffler, je savais que ce n'était pas pour nous. Un obus de marine, ça ne prévient pas, avant que tu aies pu dire ouf, ça y est, tu l'as pris sur la tronche !

Nous avons dû quitter la maison. Comme les huit mille habitants du plateau de Mondeville, nous avons dévalé la pente pour nous réfugier dans les grottes creusées dans la falaise. Dans la nôtre, nous, les privilégiés, n'étions que deux cents, dont le petit Michel Hidalgo qui habitait dans ma maison et avec lequel, la veille encore, je faisais du patin à roulettes.

La nuit, les Allemands désignaient des hommes qui partaient, à travers champs, ramasser les vaches qui avaient été tuées par les bombardements. Elles étaient débitées et elles cuisaient à l'entrée de chaque grotte dans d'énormes lessiveuses sur de grands feux.

Chacun défilait avec sa gamelle à la main pour avoir sa ration. On se lavait à la pompe et le linge séchait sur les groseilliers. Il y avait une coopérative, des toilettes de fortune — mais personne ne voulait jamais vider les seaux — et, au milieu de tout ça, maman qui courait de grotte en grotte et accouchait à tour de bras, suivie par une smala de volontaires, dont moi, qui brandissaient des couvertures pour isoler la parturiente.

Les jours passant, la vie s'organisait. Il y avait ceux qui s'habituaient et ceux qui mouraient de peur ; ceux qui allaient à l'extérieur chercher le ravitaillement (c'étaient surtout les femmes) et ceux qui restaient terrés dans leur trou.

La nuit était peuplée de scènes hallucinantes, surtout pour nous, les gosses. Hommes, femmes et enfants dormaient sur des matelas, couchés en sardines. A la lueur des lampes à carbure, des couples faisaient l'amour. Je me souviens surtout de jeunes mariés, allongés sur la pierre comme Tristan et Iseut et qui oubliaient la guerre le temps d'une nuit de noces.

Face à l'entrée des grottes c'était la rue de la Falaise, au-delà, il y avait un marais puis, plus loin, la mer. Quand les obus de marine tapaient dans la roche, les lampes à carbure s'éteignaient et, à chaque fois, je me disais : « Cette fois, c'est la bonne, on se prend la falaise sur la tête ! » C'est d'ailleurs ce qui a failli arriver à mon frère. Lui, ce n'était pas la falaise mais un bel obus qui a éclaté à un mètre au-dessus de sa tête, heureusement sur une poutre qui soutenait l'entrée de la grotte. La déflagration l'a projeté à dix mètres. Il s'est relevé en s'époussetant et il a simplement dit : « Oh, ben, merde! Il n'est pas tombé loin, celui-là ! »

Nous sommes restés sept semaines dans ces grottes. Le matin du 12 juillet, les Allemands, qui se regroupaient et qui cherchaient des abris, nous ont donné trois heures pour plier bagages. Les huit mille habitants du plateau se sont rués vers leurs maisons pour emporter qui un matelas, qui des vêtements, que sais-je encore? Ils étaient déjà loin quand nous sommes partis en catastrophe avec nos vélos.

A peine arrivés à la hauteur de la coopérative, un Allemand, ivre mort, nous arrête et nous demande : « Vous voulez du sucre? Vous voulez du vin? » Sans se faire prier, ma mère empile le tout sur les vélos. Au même moment, bombardement! Ça tombait de tous les côtés. Chargés comme des baudets, nous nous sommes mis à courir pour sortir de la ligne de feu. Je revois encore l'Allemand, hilare, saoul comme un Polonais qui, au milieu des explosions, brandissait ses kilos de sucre en chantant sur la route.

Nous nous sommes retrouvés sur la nationale Caen-Paris, essoufflés, la trouille au ventre. Un peu soulagés quand même, nous avancions sous le soleil. Je n'avais qu'une envie : m'arrêter. M'arrêter comme les trois réfugiés assis sous ce pont de chemin de fer où il faisait bon frais. Maman m'a dit : « Non, tu vas attraper la crève, on continue. » Cinq minutes plus tard, nous avons entendu une explosion. Nous nous sommes retournés, le pont avait disparu. L'angoisse nous a saisis. Et si l'un de nous était tué ou blessé ?

Nous avons quitté la nationale et bifurqué à droite sur une départementale. Calme apparent. Encore deux kilomètres et nous serions tranquilles... ou presque. Soudain, des Allemands à motos et en side-cars nous croisent en trombe. Sous les arbres, on aperçoit des voitures et des tanks, une division entière embusquée qui attendait sans doute la nuit pour sortir. Aussitôt, les tirs de DCA transforment la si jolie petite route en ligne de feu.

Les obus tombaient à droite et à gauche, se perdaient dans les champs de blé et de betteraves. Le feu était tellement nourri que nous n'arrivions plus à traverser. Dès qu'il y avait une accalmie et que les Américains s'arrêtaient pour recharger, on jaillissait du fossé pour tenter une percée. Quand les tirs reprenaient, on se reprécipitait dans un autre fossé, morts de trouille, sûrs d'y rester.

Nous avions tellement peur, nous avions tellement soif que nous avons bu le vin de l'Allemand que maman avait mis dans son pot au lait. L'alcool et la peur aidant, on calculait la durée des accalmies : « Un, deux, trois... On y va ! » On court, on court, bang ! On se couche par terre et on attend, le nez enfoui dans l'herbe... « Un, deux, trois... Hop ! on repart. » On a progressé comme ça, par bonds, jusqu'à un village.

Dans la course, nous avons dû abandonner nos vélos. C'était le vélo ou la vie... Seul mon frère a gardé le sien. Nous sommes arrivés au centre d'accueil et, crevés, nous nous sommes couchés dans une grange, sur la paille.

## *Ma drôle de charrette*

Chaque jour, le flot des réfugiés grossissait. Il fallait alors laisser la place et partir plus loin vers d'autres centres. Des cultivateurs offraient leurs charrettes où nous nous entassions à deux ou trois familles et on faisait quinze ou vingt kilomètres dans la journée jusqu'à la prochaine halte.

Je me souviendrai toujours du gros cul des percherons qui les tiraient, de leurs grosses fesses de bourrins tout crottés et de leur queue qui battait l'air pour chasser les mouches. A chaque étape, c'était parfois une étable, parfois une ferme, on s'installait, on lavait notre petit linge et on repartait. Des colonnes interminables de carrioles et de charrettes erraient sans but précis sinon de s'éloigner chaque jour un peu plus de la guerre. Le problème, c'est que le danger était toujours présent. Une ligne de chemin de fer, un dépôt de munitions et nous étions mitraillés sans pitié malgré nos drapeaux blancs. Moi, les yeux rivés sur le ciel, je passais mon temps à repérer ces saloperies d'avions de chasse. Les bifuselages c'étaient les pires, de véritables engins de mort qui nous arrosaient comme des sauvages. Une fois, ils sont descendus si bas que j'ai vu les pilotes, un Blanc et un Noir, dans leur cockpit. Ils ne nous ont pas lâchés, sont venus et revenus nous pilonner et nous tirer comme des lapins. Ce matin-là, un homme est mort et un autre a eu la jambe arrachée.

L'errance a duré des semaines. Là, on mangeait ; là, on se lavait ; là, on dormait dans la paille, rongés par les puces et les poux. Parfois, on s'arrêtait deux ou trois jours. La vie, alors, reprenait ses droits. On nouait des amitiés, on riait, parce que c'était l'été, parce que le ciel était bleu et la campagne en paix (pour combien de temps ?), parce qu'on était vivant et qu'on ne savait rien du lendemain.

Je n'oublierai jamais mon refuge, ma drôle de charrette, ma liberté, mon « respir ». Je n'oublierai jamais la tendresse de ce petit garçon rencontré au hasard de l'exode, de nos jeux, de nos secrets, de son regard triste quand il est monté dans la charrette qui l'a emporté loin de moi. Je ne l'ai jamais revu. A notre âge, l'amour, c'était une éventualité de printemps.

*Madame de Bayeux !* Quel personnage, et quelle histoire ! Elle était là, devant nous, pieds nus, en chemise de nuit et myope comme une taupe (*because* la perte de ses lunettes). *What about? Que succede? Was ist das?* Bref, que s'était-il donc passé?

La nuit du 6 juin, elle se rendait gentiment, vers les dix heures du soir, dans son petit lit douillet, quand elle se retrouva, sans coup férir, sous les décombres de son immeuble de dix étages. Tirée d'affaire et des gravats par les sauveteurs, emmenée tambour battant loin de son luxueux appartement, elle venait d'échouer dans la grange où nous l'avons rencontrée...

« Je suis Madame de Bayeux, mon mari était conservateur des hypothèques... tatata... tata... Il est mort, d'ailleurs, depuis belle lurette... tatata... tata... J'ai perdu mon appartement, j'ai perdu mes lunettes, j'ai tout perdu, et les pillards m'ont pris le reste ! »

Amusée et émue, maman décida de la prendre avec nous. A partir de ce jour, nous sommes montés d'un cran dans la hiérarchie des réfugiés. De la lourde charrette traînée par les bourrins, nous sommes passés à l'élégante carriole tirée par un alezan, mais notre ascension sociale s'est arrêtée là. Nous dormions toujours sur la paille, elle, chez l'habitant. Mais, attention, s'il vous plaît, pas n'importe quel habitant ! Le soir, à peine descendue de la carriole, elle demandait : « Y a-t-il ici un conservateur des hypothèques ? » A chacun d'eux, elle débitait son couplet : « Hypothèques... mari... lunettes... Ah, mon Dieu, mon Dieu ! », mais, pas folle la guêpe, entre deux gémissements, elle montait sa garde-robe. De fait, chaque matin, quand nous venions la chercher, Madame de Bayeux nous apparaissait complètement transformée. Après les charentaises, il y eut la robe de chambre, des chaussettes, une écharpe rose, un collier en bimbeloterie, des gants de dentelle et, pour terminer, une superbe ombrelle !

Notre voyage a pris fin dans un camp militaire, au Blanc, près de Châteauroux. Je la revois encore, cocasse et pathétique, traversant le pont en chaussons, robe de chambre et capeline sur la tête, agitant son ombrelle en signe d'adieu...

A toujours, Madame de Bayeux !

## *Une vache, une chèvre, une vache... et le chien*

Août 1944. La zone libre... A Pouligny-Saint-Pierre, non loin de Le Blanc, une ferme à l'ancienne avec une petite maison attenante où nous habitions. J'avais un dindon qui, chaque matin, gloussait devant la porte et auquel je répondais, moi aussi, en dindon. Les poules se baladaient sur le tas de fumier, je cherchais les œufs dans le foin et je lavais le linge dans la mare aux grenouilles. Il y avait une grande cheminée avec d'énormes poêlons en fonte — Ah ! l'odeur du feu de bois et du bon frichti... — et puis, surtout, il y avait la patronne, une bonne grosse femme d'origine russe dont un des fils était dans la résistance et qui était réfugiée, comme nous. Quand, mon frère et moi, nous voulions cueillir des prunes dans le verger, on criait : « Poulouchkine, venez nous aider ! », alors, énorme, elle empoignait le prunier et vingt kilos de prunes dégringolaient, des prunes sucrées et juteuses. « Poulouchkine, du bois pour le feu ! », et elle apparaissait avec l'arbre entier.

J'avais appris à traire les vaches et les chèvres et je me débrouillais si bien que, d'entrée, on m'a collé vingt vaches et quinze chèvres à garder. Pendant que mes vaches broutaient et que mes chèvres cavalaient, je m'asseyais sous le noyer avec le chien et je cassais avec une pierre les noix encore vertes qui me tachaient les doigts. Sur un mot, le chien, mon chien, s'élançait et ramenait les dissipées dispersées. J'étais heureuse. Et puis un avion passait dans le ciel, juste un petit avion comme ça, et j'oubliais tout. Je courais dans les blés pour me cacher... Plus tard, à Paris, chez ma grand-mère, quand j'entendais une sirène, je dévalais six étages pour me terrer dans la cave. Un hurlement de sirène, un bruit d'avion, et c'était l'angoisse, immédiate, incontrôlable. Aujourd'hui, s'il fallait revivre tout cela, j'en serais incapable. Je fuirais, je ne sais où, loin des explosions, de l'odeur de la poudre, loin des familles déchirées, des maisons en ruine et des cadavres enfouis sous les décombres.

Au mois de novembre 1944, mon frère est retourné à Caen pour passer son bac et voir si la maison était toujours là. Évidemment, il n'y avait plus rien... rien qu'un trou... Ah !, si, un Allemand mort dans le jardin. Que faisait-il là ?

Jeannot a été reçu avec mention. En décembre, nous

avons quitté notre chère Poulouchkine et la ferme où nous avions été si heureux. Il nous a fallu trois jours pour aller de Châteauroux à Paris. Les rares trains étaient bondés, le pont d'Orléans avait sauté. Nous avons rejoint l'autre rive de la Loire comme on a pu et on a avancé comme ça, en train, à pied, sans cheval et sans voiture. Où était donc mon petit vélo ?

Chargés d'énormes polochons bourrés de noix, de fromages de chèvre et de haricots secs, nous avons débarqué un matin à la gare d'Austerlitz. Personne n'était là pour nous accueillir, mais c'était Paris !

## *Le cabinet noir*

Il était assis dans son fauteuil, sévère et terrible, et moi, toute petite, je baissais les yeux, terrorisée, incapable d'affronter son regard.

« Va chercher le martinet ! »

Je cours dans le couloir et je le décroche du clou où il était suspendu. Sans lever les yeux, je le lui tends. Alors le monsieur me dit :

« Embrasse-le et remets-le à sa place. »

J'avais quatre ans et j'étais en pension chez un couple de médecins. A la mort de mon père, ma mère, qui était secrétaire, avait décidé de devenir sage-femme. Jeannot avait été placé dans un internat et elle m'avait confiée à un couple d'amis qui, d'ailleurs, auraient bien voulu m'adopter.

Madame... avait des cheveux noirs dressés sur la tête, une taille gigantesque et une allure de dragon, mais, en fait, à sa manière, elle m'adorait. Dans ma mémoire, son image est si présente, son personnage tellement vivant qu'un jour, elle est devenue « Madame Marguerite » au théâtre Montparnasse.

Sa maison était un conte de fées. Voitures à pédales, jouets, poupées, rien n'était trop beau pour moi, mais, en contrepartie, son mari et elle étaient d'une sévérité incroyable. Je me souviens encore de ma peur, seule dans le noir, quand ils allaient au cinéma; des bonbons, qu'à chaque visite mes grands-parents ou ma mère me donnaient et qu'ils m'arrachaient de la bouche.

A chaque repas, autour de la table ronde dans la salle à manger, c'était le même scénario : j'étais assise, encadrée par Madame et Monsieur, très dignes et, en face, sur une chaise, la serviette nouée autour du cou, il y avait le chien. Un gros chien qui se léchait les babines en reluquant la grosse soupière où nageait, au milieu du bouillon gras, une tomate entière. Au garde-à-vous, près de la table, une bonne, apeurée, attendait, tôt ou tard, et comme toutes celles qui l'avaient précédée, d'être flanquée à la porte. Dans le silence épais, seulement troublé par le bruit des cuillères dans les assiettes, moi, je pensais : « Elle est folle ! Elle n'aurait pas dû laisser la tomate entière... »

Régulièrement, ils s'engueulaient et, aussi sec, ils montaient dans la chambre au premier, juste au-dessus de moi, au-dessus de la table. Le lustre vacillait

« gling, gling, gling », j'entendais des cris, des plaintes, et pire encore. En fait d'engueulade, je l'ai compris plus tard, ils faisaient l'amour comme des malades...

Monsieur et madame n'avaient pas d'enfant. Ils avaient reporté sur moi tous leurs espoirs et ils voulaient que je devienne un grand médecin. Chaque jour, ils s'attachaient un peu plus à Nanie, la petite fille qui égayait leur solitude. Entre-temps, ma mère avait obtenu son diplôme et exerçait depuis un an à la maternité de Bénouville, en Normandie.

« Attention ! » disaient les cuisinières, les sages-femmes, les infirmières, ses amies. « Attention, ta fille va sur ses six ans, si tu ne la récupères pas maintenant, il sera trop tard. »

Ma mère obtint de la directrice de la maternité, Mme Dion, l'autorisation de m'accueillir avec mon frère pour les vacances et Madame Marguerite accepta de me laisser partir là-bas pendant un mois. C'est elle qui m'amena, me remit en main propre et repartit — en fait à jamais — par le premier train.

## *La vie de château*

La maternité de Bénouville : un château superbe sur les bords de l'Orne avec un parc immense et un petit bois. Des noisettes, des mûres, des papillons, l'arbre centenaire... Les jours de grand vent, je m'accrochais à ses branches de peur de m'envoler comme une plume, emportée par la bourrasque. Le vent ne m'a pas emmenée, pas plus que Madame Marguerite, qui n'a jamais réussi à me récupérer.

L'école, c'était celle de l'Assistance publique, derrière une haie de fusains, dans une aile du château. Tous les gosses nés à la maternité et abandonnés échouaient là.

Si je n'avais pas de père, j'avais au moins la chance d'avoir une maman. Eux, non, ou plutôt si, ils ont eu plein de mamans, mes petites mamans à moi aussi : maman Jeanine, maman Suzou, maman Arlette, toutes ces sages-femmes, galvanisées par ma mère, qui les adoptaient à la sortie des pouponnières.

« Salut Riri ! Comment ça va, petit Jean ? Bah, alors, grand Jean ! »

Je vous revois encore, alignés comme des hirondelles sur un fil électrique, en capuchon noir et galoches de bois. Ah, les galoches ! Les galoches qui font clac, clac ; qui, sur la neige, te grandissent, te grandissent ; les galoches que je chipais en courant avant de, vite, vite, retourner dans mes petits souliers.

Tu te souviens, Riri ? Nos costumes de Mickey, la fête de la Saint-Jean, le 24 juin ? Le sapin qu'on brûlait pour célébrer la fin de l'hiver ?

Dis, Riri, tu te souviens de la fête des Mères ? Une idée de maman, bien avant que ça ne devienne une tradition. Tu te souviens, les cuisiniers, les cuisinières et les mitrons en toque blanche avec leurs grandes écumoires ; le jardinier, M. Pontonnier, en gendarme ; les filles de salle déguisées elles aussi ; les sages-femmes et les infirmières en ballerines sur la musique de Schubert et moi, Nanie, en robe de soie fleurie, pour la première fois en scène, chantant : « Ma poupée ne veut pas dormir. » Et, à la fin du spectacle, petit Jean, tu te souviens comme on a pleuré quand maman Raymonde, ma maman, interprétait le rôle d'une mère qui abandonnait son nourrisson à la porte de la maternité ?

La maternité... C'était l'œuvre de maman, une ruche forte de quatre pouponnières bruissantes d'une centaine d'enfants abandonnés. C'étaient les petites « berceuses » qui s'en occupaient, de jeunes infirmières qui essayaient de leur donner l'affection qui leur manquait. Malgré cela, les bébés se balançaient des heures durant dans leurs lits, à leur manière, ils se berçaient. Quelques mois plus tard, ils étaient confiés à des parents nourriciers et toute la ruche en était bouleversée. Pour éviter que les enfants ne s'attachent à leur famille d'adoption (!), le responsable de la DDASS les replaçait, chaque année, dans un nouveau foyer...

La maternité, c'était aussi une communauté. Tous les mois, chaque membre du personnel offrait 1 pour 100 de son salaire pour acheter de la laine et tricoter des pulls — roses — aux orphelins. A chaque femme qui abandonnait son enfant, les infirmières donnaient une photo du bébé, au cas où... L'une d'elles, d'ailleurs, âgée de treize ans, est revenue, un jour, rechercher le sien.

Maman... Toi, tu avais compris la misère de ces femmes, la peur des enfants, l'appel des gosses abandonnés. Tu leur as donné la vie. Deux fois. L'essentiel, quoi !

C'est ce que je n'ai pas su — ni eu envie — d'expliquer à cette abrutie qui était venue chez moi, place des Vosges, pour m'exhorter à brandir la bannière du féminisme et qui, pour me décider, m'a balancé avec gravité : « Annie, sais-tu que nous perdons notre sang tous les mois ? » J'en suis restée sans voix. Stop ! Basta ! Via !

Grâce à toi, maman, j'ai été nourrie d'un autre lait, d'un bon lait bien riche. Grâce à toi aussi, Trenet ; à toi, Piaf ; à vous, Brel, Brassens, Ferré. Pour vous, la barre était plus haute. Tout était à l'étalage : le sucré, le salé, l'acide, le sirupeux.

J'ai bu à la source, à la mamelle, à la vie. Oui, encore, toujours, souvenirs indélébiles, inoubliables, infinis, infiniment... évidemment.

Vous étiez difficiles, exigeants, impardonnables sur le talent, la joliesse, le frisson. Avec vous, on en prenait de partout. Ça venait de dessous la porte, en lousdé, comme un courant d'air dans la gueule, un sanglot.

Et tout qui revient comme dans une histoire d'amour... Les galoches qui font clac, clac ; un éclair, zigzag — Zorro ; mes dégringolades rigolardes.

J'ai toute votre carte du tendre au cœur. D'extérieur en intérieur, impérativement. Grâce à vous, je suis immunisée contre la laideur, la bêtise, l'inutilité.

Grâce à toi, maman fragile, qui m'as donné l'indéfinissable : le goût des larmes au bord des lèvres, le parfum des pêches de vigne, l'odeur des pins en été.

Grâce à toi maman secrète, à ta drôlerie, à ta souffrance, à ton humour, à ta chaleur. Cette chaleur que je cherchais dans ton lit les nuits de grand vent en Normandie. Un bon lit où il faisait bon chaud et dans lequel nous étions si bien. Et puis le téléphone sonnait, tu te levais et j'entendais : « Allô ! oui... oui... depuis combien de temps ?... Elle a perdu les eaux ? Et les douleurs ? Toutes les cinq minutes... », et le fatidique : « J'arrive ! »

# 2.

# Le patin à nuages

## *Ma petite conne*

« Quand est-ce que tu arrives? » Giulia au téléphone. Ma petite ritale... ta bouille ronde, tes yeux bleus venus de si loin, tes mèches brunes et ton rire de quatre ans.

« Ne quittez pas, on vous parle de Rome... » Deux mille kilomètres et la joie est là.

« *Mama, cuando viene? Cuando parte?* »

— « J'arrive! » Pour te faire rire encore et toujours, et jouer à l'œuf à la coque, celui que tu retournes dans le coquetier après l'avoir mangé et dont, mine de rien, je casse la coquille. Vide, bien sûr!

« *Encora, encora,* fais-le-moi encore! »

Oui, je le referai. Et on sera bien, j'ai si soif de toi, de tes cris de bonheur, de ton odeur.

Ta petite voix au téléphone et, soudain, le besoin animal de te sentir, de te toucher, de te tripoter, d'enfouir mon nez dans tes fesses, ton ventre. De te respirer, hier comme aujourd'hui.

Giulia... Ma petite conne de ritale. Cette fois, c'est toi qui as failli partir. Partir là-bas d'où l'on ne revient pas. Partir à vingt-cinq ans. Pourquoi ? C'est bête... Tu sais, il faut faire attention en traversant la vie. Regarder à droite et à gauche, se méfier des sens interdits. Hier, on pouvait muser, c'était encore la campagne. Les interdits n'avaient pas de conséquence. Aujourd'hui, si.

La tête du médecin, la course des infirmiers dans le couloir, la porte de la chambre qui claque, et moi, dans un coin, toute petite, inexistante, inefficace, ma cigarette entre les doigts. Dans ma tête, toute ta vie et la mienne, en revue. Ça va vite... Nos colères, nos disputes, notre amour indissoluble. Le besoin de te sentir là, vivante, mais aussi... peut-être plus rien. Le vide. Un trou béant. Non ! Impossible. Tout ira bien. Je le sais. Je le veux !

« Maman, après, on partira avec Lola à l'île Maurice. » Beau voyage...

Tu as eu de la chance Giulia, comme dans le temps. La vie c'est fragile, ça tient à un fil. *Piano, pianissimo.* Dis-moi encore : « *Encora, encora !* »

## *Puerto Rico aller-retour*

« Les passagers à destination de Puerto Rico sont priés de se présenter à la porte... »

Qu'importe la porte pourvu qu'on ait la croisière ! Nous étions là, fin prêts, le régisseur, l'opérateur, le cadreur, les maquilleuses, les coiffeuses, les acteurs, les acteuses, les besogneuses, en partance pour le Mermoz.

Destination : Dakar via Puerto Rico, Saint-Barthélemy et Pointe-à-Pitre. Objectif : sept jours de grand large, de grand tournage et de grande solitude sur un paquebot qui, selon le scénario, devait être désert...

Dès l'embarquement, en rangs serrés, des nuées de touristes, huilés, chapeautés, empaquetés dans la même galère par les croisières Paquet. Compte tenu du commandant, du commissaire, de toute l'amirauté et de tout le personnel, les prévisions météorologiques nous annonçaient, qu'en définitive, et par ce prompt renfort, nous ne serions pas moins de sept cents en arrivant au port !

« Allez, Giulia, tu t'amènes avec ta gamine. Deux de plus, ça ne se remarquera pas ! »

« Le commandant est heureux de vous accueillir à bord de ce Boeing 747... vol vers... arrivée... vitesse de..., altitude... tempé... heure loca... »

Quelle heure est-il ? Quelle importance ! Liberté, élan de vivre, envolée. Tu réapprends à regarder, à chercher. Quel souffle ! Ethers. Immobilité ascensionnelle. A dix mille à l'heure. La béatitude. Oh oui, il y avait longtemps que ça ne m'était plus arrivé. Bonheur, lucidité, calme incisif et nébuleux. Je retrouve mon « chez moi », mes possibilités, le « tout » est possible. Oh ! mon aéroplane. Ma paix, ma paix sillonnante, emporte-moi pour toujours, à jamais.

Je voyage, du bout des yeux, du bout du cœur. Quelle belle musique. Plus de limites, plus d'accrochage. Je fais du patin à nuages, c'est merveilleux.

Je me sens plus près de vous, vous, partis sans dire au revoir. Où êtes-vous ? J'irais bien vous rejoindre mais pas tout de suite. Non, il y a encore trop à faire, à vivre. Je n'ai pas tout consommé.

C'est la paix. Comme je la ressens. C'est la farandole. Eh, là, tout en bas, petit, petit, vous m'entendez ? Je reviens ! J'arrive ! Oui, je vais. Je m'en vais à pas menus et géantes enjambées, et voilà ce qu'on va faire : on va en profiter !

Quelle heure est-il ? Pressentiment. Odeur de quelque chose d'étrange que je n'aime pas, de feu, d'amer, de sulfureux. Une drôle de sonnette d'alarme...

L'agression, le bobo, la douleur, ça ne fond pas au soleil. C'est indélébile, présent, imperturbable. On te retrouve où que tu sois et surtout dans les endroits bien loin où tu crois être en sécurité. C'est pernicieux. Alors, il vaut mieux la ville grouillante, les emmerdes. Tu es plus protégée, tu peux passer inaperçue de tous ces microbes qui te poursuivent.

« Grouille-toi, Annie ! » Pas le temps de défaire les valises. Exercice de sauvetage obligatoire avant le départ.

Téléphone par satellite, ça passe partout, cette saloperie-là...

« RENATO SALVATORI DÉCÉDÉ »

Renato touché, coulé.

Puerto Rico, tu es vilaine. Ton soleil de carte postale, de pacotille, de merde. Tes palmiers rachitiques, ta mer grise, démontée, bête, triste. Tu n'as pas d'iode, tu n'as rien qu'un filigrane d'exotisme démodé, faux. Tu es sans cœur, sans vérité.

Puerto Rico, ta fausseté, ton inutilité grandiose et lézardée et fissurée. Ton manque de tout, ton néant, ton vide... Le mien.

Exercice de sauvetage, qu'ils ont dit... Une invasion de Bibendum façon Michelin dans les chaloupes, sur le pont, dans les couloirs, le bar, les chiottes. Une nuée orange apocalyptique de sauve-qui-peut, et moi, hurlant à la mort contre cette fatalité.

Exercice de sauvetage, qu'ils ont dit... Et où est-il notre sauvetage à nous, Giulia, notre bouée ?

Regarde, ritale, c'est pareil. Ce soleil, l'eau turquoise, notre bateau à nous l'*Adios,* en Sardaigne. Les pêches miraculeuses de Renato, des gros poissons, deux fois grands comme toi, les oursins, l'eau salée, la chaleur, le romarin, le glouc-glouc de vagues dans les rochers, ta vie naissante, et Rome... Les journées chez Mastino, notre faim du bon pain, les poissons frits, les odeurs. Le soleil, c'est pour la joie, les tartines beurrées.

Adieu, Rome. Maintenant, c'est pour moi ville fermée, cité interdite. Et tout qui revient comme au cinéma...

« ATTENTION, MOTEUR. ANNONCE : ROME NUMÉRO TROIS MILLIARDS ET DES POUSSIÈRES. DERNIÈRE. » Le clap du machino. « PARTEZ ! »

On a tourné. « COUPEZ ! »

*Où est la sortie?*

Je viens d'en prendre plein la gueule, plein le cœur. C'est l'heure où les lions vont boire, où le torero prie avant d'affronter l'arène, le passage de l'intérieur à l'extérieur, le moment où tu te réfugies, en tapinois, pour te protéger, où tu mets ton imperméable. Le moment où tu te découvres, tu jaillis, de l'imprudence, des changements de vitesse, des montagnes qui te bouchent le paysage, où tu mets ton chapeau de paille.

L'entrée, je la trouve toujours, mais la sortie... On fait une bonne blague. On fait : « Coucou, c'est moi. » — Oh, tu m'as fait peur — Tu te fais attendre. — Ah, te voilà enfin, où étais-tu passée? — Tiens, d'habitude elle est à l'heure.

On pense toujours à l'arrivée intempestive, jamais au départ précipité.

C'est quoi, l'absence? L'absence volontaire c'est ta

révolte. Étourdie : t'as pas entendu le réveil. Amnésique : je ne sais plus où je suis. Anecdotique, poétique : j'ai flirté avec l'auto-stop ; j'ai pris le verre de l'amitié, le sandwich exigeant, excusez-moi. L'absence, c'est aussi pour freiner tes envies belliqueuses : « J'aime mieux être sourde » ; « Attention, faut pas m'énerver ! » ; « Oui, attendez, je fais un petit tour. » J'étais ailleurs parce que... Besoin de rien, seulement de silence, de continuité, de malice. Je n'ai pas de temps à vous donner. Le temps d'une absence est trop court, véloce. Je le garde pour moi, pour bien en profiter. Je suis gourmande de ces instants statiques.

L'absence, la grande, ce sera l'heure où il faudra plier bagages, démonter la tente mais laisser le feu encore chaud. Ses tisons allumés se consumeront et rallumeront d'autres feux, feux d'artifice, feux de joie, flambeaux, étincelles. Oui, qu'il reste étincelle, tison, cigarette pour que l'on puisse dire : « Vous avez du feu, s'il vous plaît ? »

C'est pourquoi j'en veux à tous ceux qui ont devancé l'appel, et particulièrement à toi, Patrick. Tu ne devais pas le faire. Tu as donné raison à la médiocrité, pire, à l'ignominie. Tu as permis à la femme de cet immonde échotier de se balader dans les salons en arborant son vison de merde : « C'est Patrick Dewaere qui me l'a payé, avec les dommages et intérêts ! »

Tu n'as pas compris que quand il n'y en a plus, il y en a encore. Il y a des hauts et des bas, des difficultés, mais il y a la vie! C'est quelquefois de la merde, mais c'est la vie. La mort, de toute façon, elle viendra, il n'y a qu'à attendre un peu. Tu ne pouvais pas attendre? Tu n'as pas su. Tu as eu le courage de te flinguer et pas celui de vivre. Moi, quand je partirai, je claquerai très fort la porte pour bien qu'on m'entende, comme ça, je ne partirai pas inaperçue. Je dirai : « Au revoir », moi, je ne partirai pas en faux jeton. Ce sera clair et net!

Pourquoi devancer ce qui est programmé? La mort, ça se prépare. Tu ne pars pas du jour au lendemain avec un attaché-case. Tes bagages, tu as toute la vie pour les faire. Un jour, oui, il y aura le passage mais, pour réussir ton envol, c'est maintenant que tu dois commencer. Déjà, ne pas nourrir de vilaines pensées, ne pas laisser entrer des choses malsaines dans ton corps. Il faut t'élever au-dessus des choses car tu devras rejoindre un très haut niveau. Si tu es complètement terre à terre, à cette terre-là accroché, tu t'imagines la souffrance que tu éprouveras pour te sortir de tes histoires, de tes machins! Qu'est-ce que tu en as à foutre d'avoir un coffre-fort, une belle voiture! Il faut que tu puisses becqueter, ça, c'est important, et que les gens soient heureux et que tu puisses bien rouler ta bosse, le reste...

Tu veux crever? Je dis d'accord, mais d'une autre façon. Tu disparais de la carte géographique et tu te dis : Ben voilà, je pars. Je m'engage à Médecins sans frontières, dans une mission ou dans un truc impossible, très loin. J'abandonne une certaine vie et je vais ailleurs pour être utile, exister, sinon pour moi, pour les autres. Il y a tellement de besoins, de souffrances de par le monde. Profite du temps qui te reste pour être utile, pour aider, pour donner. Alors tu verras le bonheur arriver à gros flocons. Fais le voyage en sens inverse, recommence à zéro. Tu as des milliards de possibilités, c'est Madame Marguerite qui me l'a dit à Montparnasse. Aère-toi et tu retrouveras la santé. Allez, hop, vidange, graissage. Une autre vie, c'est possible, puis une autre, et encore une autre, pourquoi pas ? C'est quand même mieux que d'être inerte dans un trou !

Vous êtes fatigants, vous, les perpétuels fatigués !

J'ai envie de pleurer. Je n'arrive pas à me situer. J'ai dans un souffle — ton dernier souffle, ton dernier cri : « Annie, Giulia ! » — l'impression d'avoir perdu mon état civil, ma carte d'identité. Je n'ai jamais été ni une femme mariée, ni une femme libre, ni une divorcée. Je suis veuve... Ça fait drôle tout de même.

Tout ce voyage que nous avons fait ensemble. Cette Italie qui a été ma seconde patrie, que j'ai partagée avec Paris. Cette double vie, en permanence. Deux maisons, deux pôles différents, opposés. Un fil conducteur : Giulia. Je m'étais habituée à ces deux lignes parallèles. J'ai, d'ailleurs, toujours eu besoin de cette balance. Deux hommes, deux vies, deux...

Avec toi, j'ai fait la connaissance de l'Italie, de Visconti, de notre métier infernal et merveilleux. J'ai découvert la chaleur des Italiens, une autre façon de vivre.

Tu étais insupportable, fou, violent — qu'est-ce que tu as pu m'emmerder ! — extraordinaire, drôle — qu'est-ce que je me suis bien marrée ! — et tu viens de m'apprendre que tu avais de l'élégance. Tu savais que tu allais partir. Tu ne voulais pas que l'on t'approche. Il y a un an, en débarquant à Rome, je t'ai téléphoné : « On déjeune ensemble ? » Quand je suis arrivée à la maison, tu t'étais envolé. Je t'ai attendu six heures avant de reprendre l'avion. Et dans cette maison, toute ouverte et silencieuse, j'ai refait le voyage, à la fenêtre...

Le théâtre Marcello ; ces escaliers impossibles, de haut en bas ; les « hou, hou, t'es là ? dans l'escalier » ; tes « *porco Dio* », « *porco madona* », « Annie ! ! ! » ; ta vitesse à vivre, ta violence ; cette vie romaine qui n'avait pas la même odeur que celle de Paris ; les départs... mais l'arrivée !

« Tu es là ?

— Oui, je suis là, pour le reste, on verra bien. »

Tes infidélités... J'en ai bavé avec toi. Du rouge à lèvres oublié sur un verre...

« Je vais travailler !

— Allô, je voudrais...

— Ah, non, madame, il n'est pas là... »

A ce moment, il faut te défendre, sinon tu fais la culbute. Partir, c'est la seule solution. L'absence vaut mieux que de longs discours. Un homme qui a une autre femme en tête ne te voit plus. Que tu soies charmante ou belle, le bigoudi superbe ou l'anglaise merveilleuse, pour lui, c'est à chier. Te supporter trois secondes, c'est pour lui trois secondes de trop, de perdu. Il n'y a que l'absence qui puisse te faire remonter le handicap. S'il t'oublie dès que tu as poussé la porte, même si tu as mal, tu es fixée, mais s'il reste quelque chose à sauver, c'est en te taillant, jamais en restant. Faut ravaler ses reproches et ses pleurs et se barrer.

Moi aussi, je t'ai trompé. Pas pour mon plaisir mais pour m'en sortir, pour mon salut. Tu n'en as rien su. Moi aussi, j'ai ma pudeur. Je ne supporte pas d'avoir une souffrance insupportable dans mon corps, dans ma tête. Il me fallait de l'oxgène. Je ne voulais pas avoir de méchanceté, d'aigreur, de mauvaises pensées. J'avais l'impression d'un virus qui me détruisait, qui me bouffait. Depuis, j'ai appris à survoler la douleur...

Tu étais la violence à l'état pur, un animal qu'il ne fallait pas toucher. Il n'y avait aucun espoir pour que tu changes, alors ? Te quitter ? On n'aime pas un homme parce qu'il est violent, on l'aime pour le reste. Si tu te dis : « Ras le bol, j'en ai marre d'avoir peur, je m'en vais ! » alors il faut partir loin, très loin, pendant très longtemps.

Tu m'as donné la liberté. Tu m'as laissée libre de m'envoler. Propulse-moi vers ma dernière trajectoire, comme lorsque tu faisais du ski nautique. Tu étais félin, insolent de beauté et de sensualité.

Donne-moi une vague de ton remous pour me projeter dans la continuité.

Retrouve ta ligne droite, celle d'avant ton désordre, ta maladie et ta mort.

Aide-moi de tous tes poumons et souffle sur la petite plume désorientée qui titube, effilochée.

Les coups de pied au cul sont de rigueur quelquefois. Chasse-moi de cette maison en ruine, fous-moi à la porte, pousse-moi dans l'avion, pour un dernier retour.

Les réacteurs vibrent. Je m'arrache de cette terre à contrecœur, à contresens, à contretemps. Rome, ville idiote, belle mais stupide, retiens-moi. J'ai besoin de me réfugier dans tes tonnelles. J'ai besoin du regard des Romains dans mes yeux.

Une force m'attire ailleurs, plus loin. C'est douloureux de s'extraire. Le sang coule de l'arbre déraciné, la sève en est meurtrie. C'est un accouchement en sens inverse, une renaissance au-delà des Alpes. Ma bouche contre le hublot plein de givre, j'aperçois encore le Colisée, l'Appia antica, piazza di Spagna, via Veneto, *bersaglieri*... Moro, les Brigades rouges... Le pape et ses papistes, Fellini, *Rocco et ses frères*, Luchino Visconti, *Le Chant des partisans... O bella ciao, bella ciao, o bella ciao, ciao, ciao... O partigiano, portami via... O bella ciao, ciao, ciao, cia, ci, c...*

L'hiver approche.

Où es-tu transalpine ? Reste avec moi, ne divorce pas encore. Ne deviens pas absence. Reste le moteur, reste l'illusion. Le coq a perdu sa louve « *La lupa* ». Plus de pendule, d'itinéraire, de nuit et de jour.

Le coq pleure. Pauvre coq qui ne peut plus chanter, il a perdu le do de sa clarinette.

## *La Transalpine*

Oui, j'ai perdu le do de ma clarinette, beaucoup plus, ma meilleure amie, ma moitié conjugale, ma fidèle copine. Je suis devenue univalve, unijambiste, manchote. Je ne respire plus que d'un côté, le miroir ne réfléchit plus qu'un visage.

Où s'en est allée ma transalpine ? Je l'aimais. Elle s'est effacée, volatilisée. Sa présence, sa beauté, sa folie me manquent. Je suis estropiée, bancale, cyclopinisée. Nous partagions tout : le lit, la salle de bains, le pyjama, la brosse à dents. C'était ma partie défensive. Elle était fière, imprudente, vulnérable, prête à rire à tout moment. Elle était mon audace, ma sécurité. C'était ma pochette surprise, ma quenouille que je dévidais sans cesse. J'ai perdu l'équilibre, mon cordon ombilical.

Combien de Rome-Paris-Rome avons-nous effectués ! « Plaignez-vous ! En l'air, pour un oui, pour un non, vous en avez eu des voyages ! » Erreur ! Je ne voyageais pas, je rentrais à la maison. J'ai fait du porte-à-porte pendant vingt-huit ans. J'aurais préféré traverser la rue pour aller en face, cela aurait été moins onéreux et moins fatigant. Comme au théâtre, mes entrées et mes sorties, je ne les ai pas ratées. En permanence, je suis rentrée à la maison. J'en sortais par la porte de derrière pour ne pas blesser, ne pas meurtrir et je galopais pour réussir mon entrée solennelle, de l'autre côté, par la porte principale. Pile ou face, je rentrais à la maison. Quoi de plus délicieux que le « on rentre à la maison », ne trouvez-vous pas ?

L'avion était en quelque sorte mon vestibule. Mon tricot était posé, à perpétuité, sur le siège. Sillonner la Méditerranée pour aller de chez moi à chez moi, je trouvais cela plutôt cocasse. Je franchissais l'équateur tous les matins. Je quittais la fraîcheur fluide de mon Paris pour rejoindre le ciel rose de l'Italie, quand le soleil pointe à l'horizon. Que de zigzags étourdissants ! Les allers-retours étaient variés. On ne se prépare pas de la même façon pour Rome que pour Paris. Il y avait une petite différence, Rome, une couleur, Paname, un parfum.

J'ai toujours été prête pour le rendez-vous. A part les grèves, le brouillard, l'incident technique, le trafic aérien bloqué, c'était une route à peu près lisse. On pouvait prévoir l'heure d'arrivée. Essaie de rentrer chez toi à l'heure où tout le monde rentre à la maison, dans une superficie limitée, il y a problème. C'est sûr que, là-haut, tu es plus tranquille, tu passes au-dessus des embarras. C'est vrai aussi que l'avion pouvait tomber. Partir me demandait un certain courage. La peur me tenaillait, et puis j'atterrissais, je n'étais pas morte. Je vivais deux fois plus, quelle émotion !

Aujourd'hui, je crois que j'avais besoin de ma peur. Elle m'était salutaire. Tout est fragile, tu peux partir d'une seconde à l'autre, je voulais goûter l'instant présent. J'ai comme cela survolé les problèmes qui n'en sont pas, les ennuis qui te freinent, te grimpent dessus. Je suis sûre que j'ai échappé à la petitesse, au traintrain. Je suis restée intacte, là-haut, tout se solutionne. Le problème devient ridicule et puis, la peur, c'est corrosif. Ça enlève les taches, ça te recoud un bouton, le bas qui file. Ça te remet en papillote, ça te nettoie mieux que Mirlaine, javel ou autres ingrédients. La peur, ça reprise ta cicatrice, ravive la couleur de tes yeux, aiguise ton appétit, repasse les fouillis de ton cœur, ourle ton élégance, festonne ton respect, surfile ton humour, enjolive ta politesse. Tu fais le ménage en grand. Tu secoues par le hublot toutes ces poussières inutiles avec la tapette pour être bien sûre qu'elles ne reviendront pas de sitôt et, au grand air, dans le jardin, tu accroches, avec des pinces à linge, ton innocence, ta vulnérabilité, ta naïveté, ton enfance. Une odeur de muguet s'en dégagera et le grand vent se dépêchera de tout sécher, tout plier, et mettra toutes ces richesses dans l'immense armoire qui restera entrebâillée. Le bout des doigts suffira pour l'ouvrir. Si vous passez par là, suivez la flèche, c'est à votre convenance.

Paris-Rome-Paris me manque. Il m'a tout donné, le réconfort moral dont j'avais besoin, mes voyages dans la tête, l'envie de donner encore plus, un certain anonymat qui m'a permis de m'abstraire, d'être à l'angle du tourbillon. Ces éternels allers et retours m'ont permis de regarder les gens, de chercher l'intelligence, la douleur, la gravité, le oui humble. Une porte plus ouverte pour laisser passer l'essentiel, être prête pour les autres, les deviner, les devancer, me sentir bien entière, en plein accord avec moi-même et sortir de la carlingue en disant : « Me voilà. Comment allez-vous ? Moi, très bien, merci. Qu'est-ce qu'on fait ? »

# 3.

# M...., merci Maman

J'écris mon livre au fil de l'eau. C'est ma vie qui écrit et décide. Pas de plan. A donner ou à suivre. La vie qui interfère et qui m'emmène de la Normandie à Puerto Rico.

Finalement, faut pas se raidir, s'arc-bouter. C'est comme en bateau, faut laisser faire la brise et les flots, s'adapter, prendre ce qu'il y a de bon et, au moindre petit bout de nez qui s'allume, faire ce que l'on a vraiment envie de faire, contre vents et marées.

C'est drôle... Je n'ai jamais pu faire ce que je voulais quand je le voulais. C'était toujours : « Mais non, tu es folle ! », « Ça ne marchera pas... », « Tu vas te casser la gueule ! », et pourtant, c'est à ce moment-là que je sentais que j'étais dans le vrai.

C'est comme pour l'avion, toujours lui, qui a besoin du vent pour décoller. Moi, je décolle contre l'incompréhension et la bêtise. J'ai une force réelle, la foi.

Alors, je décolle. Plus question de retour, on rentre

dedans. On peut agir, réaliser et, évidemment, avoir derrière soi un long sillage, une ribambelle de gens qui n'osaient pas et qui t'aident et qui s'agglutinent à ta nacelle.

T'as compris, toi qui lis ? Tu sais que tu peux tout faire ? Guérir les autres et toi-même. On va dans la Lune et toi, tu t'emmerdes dans une flaque d'eau...

Faut t'étonner, te surprendre, sinon tu rates l'avion, le bateau, le coin de la rue, la rigolade. Vite, vite, ça va très vite. Pas d'hésitation, immédiatement, maintenant !

Savoure ton « maintenant », c'est la seule chose qui t'appartienne. Hier, c'est bien loin. Demain est incertain. Maintenant est ta certitude.

Alors, tu viens avec moi ? Oui, viens avec moi. J'ai besoin de toi. Toute seule, je n'existe pas, je ne suis pas suffisante. Aide-moi à aller plus haut, plus loin, que je n'aie plus qu'à m'élancer et à planer sur le vent qui domine toutes choses comme une feuille verte bien vivante et à recueillir une petite larme étourdie qui tombe et qui fait floc.

Oublie le superflu, le fatigant, le sans intérêt. Sois plein de tes croyances, de ta lucidité et de ton plaisir de donner. Comme sur un stade, passe le ballon à l'autre, puis à l'autre, et ainsi de suite. Que celui-ci ne touche jamais terre, qu'il rebondisse éternellement.

Crois en toi. Crois en ta richesse.

*Ouvrez-vous volets, persiennes...*

Tu sais que je suis riche? A milliers, à millions. Milliardaire de douleur, de pluie cinglante, drue, éclaboussante, de peur, de solitude, de frimas.

Mais aussi... Milliardaire d'appétits, d'énergie, d'envie de frétiller, de goûter, de rire.

Oui, j'ai des amoncellements variés, des montagnes de pépites dorées, des coussinets de valse et de vent. J'en ai plein la cave, plein le grenier, mais j'ai encore soif. Oui, mon corps a encore besoin de vibrer. Il se tord, se convulse, s'offre, s'agenouille, se plie, devient langoureux, engouffre à grosses lampées sa nourriture et palpite sur le rythme de la musique qui est le passe-partout des frontières individuelles.

Allez, hop! Je retaille mes crayons. Où est passé mon cache-col, la gomme, le buvard, mon cartable, le dé à coudre? En route sur ma locomotive qui fait tut-

tut... Ça y est, j'ai retrouvé mes ailes ! Non à l'immobilité. En route pour le mouvement, l'accélération, les montagnes russes, le va-et-vient, la barcarolle.

Je défais l'espagnolette, je pousse les targettes, j'ouvre tout grand la baie vitrée. Je déchaîne les verrous, je tourne le loquet, je déverrouille les gonds. Je tire la chevillette et la bobinette cherra sûrement.

Ouvrez-vous, volets, persiennes, judas, souricières, cachots.

Ombrelles, découvrez-vous.

Écartez-vous, rideaux, doubles rideaux de percale.

Lettres, décachetez-vous. A poil !

Dégagez, oubliettes, portes secrètes.

Fuyez, les « Défense d'entrer », les couvre-feux, les « à double tour », les perpétuités. Fuyez à perpète, pour l'éternité !

Bidons, bidonvilles, foutez le camp en vitesse et n'oubliez pas votre copain, le mur de la honte.

Dehors, les faux-fuyants, les faux-semblants, les faux jetons.

Taillez-vous, les « qu'en-dira-t-on », les « soi-disant », les « on dit que... », les « il paraît que... », les « savez-vous donc... ».

Dehors, les « enfin », les « c'est pas possible ! », les « hélas », les « mon Dieu ! », les « quel malheur ! ».

Non, bonheur ! Vous n'avez rien compris. Bonheur intense, rires, larmes de rire, hoquets de rire.

Et les conserves... Pauvres imbéciles ! Plus de

conserves, on consomme sur le vif, rien pour l'hiver, on verra bien à ce moment-là. Via les économies ! A quoi ça sert ? La tirelire est en mille morceaux. Le casino est ouvert depuis belle lurette, il frémit de joie. Il revit.

Allez, hop ! en voiture. Allez voir là-bas si j'y suis. Bon vent et bon débarras, ouf ! Ah, j'oubliais, en plus, j'écris un livre ! Qui dit mieux ? Au fait... Où en étais-je ?

Ah, oui ! Dans le lit de maman...

*Mademoiselle ma mère est servie*

Je suis là, enfouie à tes côtés, dans un autre lit, ailleurs, mais comme autrefois. Où as-tu déniché ton incertitude, ton émoi, ta drôlerie ?

« Ma jolie, ma Lolotte, qu'est-ce que je vais faire à manger, aujourd'hui ? »

Nous y voilà ! Pourquoi suis-je une femme d'intérieur ? Parce que p'tite mère est une femme d'extérieur, un oiseau qui ne supporte pas d'être enfermé. Elle a besoin d'espace pour s'envoler. Elle est faite pour l'air libre, aller à la banque, chercher des sous et les ramener, fouiner dans les librairies, partir chez la voyante, foncer dans les grands magasins, s'acheter un corsage et, mine de rien, s'arrêter chez Ruc, place du Palais-Royal, se taper son petit café avec des petits gâteaux ou des babas au rhum.

« Ma jolie, ma Lolotte, il faut te lever, ton café est prêt ! »

Sacrée maman, l'indécision même ! Quand elle achetait une paire de chaussures, on en avait pour quinze jours. Elle arrivait et elle disait : « Je n'aurais jamais dû prendre celles-là ! » Elle repartait les changer et puis elle regrettait : « Si j'avais su... », retournait au magasin et revenait avec une autre paire.

« Ma jolie, ma Lolotte, ton café va être froid ! »

Je me souviendrai toujours de mon départ pour ma première tournée théâtrale. Maman m'avait accompagnée à la gare Saint-Lazare où je devais prendre le train pour Dieppe. Affreux dilemme. Partir ou ne pas partir ? J'ai dû monter et descendre du wagon une bonne quinzaine de fois.

« N'y va pas !

— Mais si, c'est bien, je t'assure !

— Non, tu crois ?... Ma Lolotte... »

Jusqu'au moment où je n'ai plus eu qu'une alternative : passer sous le train ou rentrer à la maison.

« Nanie, tu es en retard ! »

C'est grâce à maman si j'ai fait du théâtre. Quelqu'un lui avait pourtant prédit : « Si elle devient comédienne, elle perdra son âme. » Très superstitieuse, elle m'a quand même trouvé le Centre d'art dramatique de la rue Blanche et j'y suis entrée un 1er avril. Quel beau poisson !

Quand j'étais môme, j'emmenais maman presque tous les soirs dans les cinémas du quartier. On mangeait à toute vitesse et, hop, on filait au Palais d'Avron, au Palermo, au Ciné Bagnolet ou au Séverine. Gary Cooper, Errol Flynn, Tyrone Power, Lana Turner ! Et Gérard Philipe dans *La Chartreuse de Parme*, Brasseur et Arletty dans *Les Enfants du Paradis*... Comme il était beau le cinéma en ce temps-là !

A la fin de la séance, on remontait la rue de Bagnolet ou la rue des Pyrénées...

« Nanie, tu te rends compte, on n'a pas fait la vaisselle ! Et tes devoirs ? Et qu'est-ce qu'on va faire à manger demain ? »

La vaisselle, je la faisais le soir, au galop, et les devoirs, le lendemain matin, sur le chemin de l'école, en courant comme une dératée...

« Tout corps plongé dans l'eau reçoit une poussée égale... égale à quoi, au fait ? » Je remontais le boulevard Davout au pas de course, la rue des Pyrénées à toute pompe et j'arrivais juste quand la cloche sonnait. Quelques mètres encore, vite : « Pi = 3,1416... et je ne sais plus combien ! » Le temps de me transformer en feuille de papier à cigarettes et je me glissais dans l'entrebâillement de la porte qui claquait aussitôt derrière moi, m'aspirant, essoufflée, dans la classe où je n'avais plus qu'à mettre la virgule, le point à la ligne et le point final à ces devoirs qui revenaient de loin.

« Alors maintenant, ça suffit ! Y en a marre à la fin du compte ! merde ! chier ! con ! »

Hou la la ! elle est en colère... Quand elle a dit ça, elle a tout dit. Eh bien, voilà. Je suis repartie dare-dare pour l'école et, depuis, pour la vie. Et c'est toujours la course, le dos d'âne comme l'estafette du baron de Münchausen, hier comme aujourd'hui. Aujourd'hui justement, c'est la course à l'échalote. Objectif : la bouffe. Direct sur le marché !

Oh, le marché ! Tout rouge, tout vert, tout bleu... Petits pois veloutés, céleri, asperges, aubergines, cresson. La vinaigrette, je la fais moi-même parce que, merde, dans les supermarchés, comme ils disent, ils te font tout. Plus de surprise, plus d'invention. La pâte brisée, ils l'ont ; le cassoulet en boîte, c'est là, sous le comptoir ; tes envies de bien-être, d'érotisme — pourquoi pas ? — on l'a mais on ne sait pas où ça se trouve ; la serpillière ? en haut à droite. Mais j'aimerais bien... Quoi ? Comment ? Qu'est-ce que vous dites ? Euh, je ne sais plus... Si, je sais, je vous dis « merde ! » et je fais à mon goût et à mon talent. A moi, la liberté !

A la volée : une escalope, trois radis, un express...

Un ruissellement de fraises, de cerises, de groseilles, une cascade de pêches, de raisins. A moi, les petits poissons qui ne deviendront jamais grands et les haricots à écosser que je fais cuire avec le romarin et le thym. J'ai tout ça sur ma terrasse, à Paris. C'est pratique, ça va plus vite et c'est moins cher. Comme ça, on fait des éconocroques, à nous la tirelire comme ils disent, les autres. Sur ma terrasse, j'ai aussi un chou, un gros chou à moi. Je crois que je vais faire comme Marie-Chantal parlant de son cochon tout embéquillé : « Nous l'aimions tellement qu'on le mange par petits morceaux. »

Vite! Donnez-moi une jolie salade. Hein? Comment? Je suis en retard? On m'attend sur le plateau? Oui, j'arrive! Heureusement, à côté du tournage, il y a l'épicier, le crémier farces et attrapes. « Allô, la poissonnerie? Mettez-moi de côté un kilo de langoustines! » Entre deux claps, je fonce tout droit à la boucherie. Et le beurre? J'ai oublié le beurre!

« Mais où elle est encore passée, celle-là? qu'il gueule, Philippe de Broca.

— Je suis là, j'arrive! Alors, qu'est-ce qu'on tourne aujourd'hui? quoi? la cascade et la poursuite en voiture? »

Il ne manquait plus que ça! Bon, allons-y, une, deux, une, deux, souple, tranquille, respiration, œil de lynx, tarin (faut savoir d'où vient le vent), à droite, demi-tour gauche. Zut, je perds une godasse! Tant pis, on continue, virage sur l'aile, dérapage contrôlé, tête-à-queue, je me cramponne, je meurs de trouille, pas possible, je vais y rester. Terminé ? Salut, on rentre à la maison !

Ah, la maison... Mon bonheur, mon bien vivre, d'être mieux encore entre « Mourir d'aimer » et le poireau.

Ma maison, c'est ma sécurité, mon bateau, ma charrette. Avant, quand je descendais la poubelle, il y avait toujours quelqu'un pour me dire : « Vous, une star, vous n'allez pas faire ça ! » Moi, je ne voyais pas le problème, je descendais, j'embarquais les ordures ! Quand j'étais môme, d'ailleurs, c'était le bon prétexte pour m'échapper et filer à mes rendez-vous d'amour. A la maison, la poubelle, elle ne risquait pas de déborder, je la vidais plutôt dix fois qu'une !

Quand je passe l'aspirateur, même aujourd'hui, maman me dit encore :

« C'est pas un travail pour toi.

— Mais maman, puisque ça me plaît ! »

C'est comme pour les courses, c'est moi que je veux acheter, c'est ma jouissance. A force d'avoir quelqu'un qui fait tout à ta place, tu es privé de tes fonctions essentielles. Tu dois pisser, tousser, éjaculer, si on te retire des choses comme celles-là, tu es bouché de quelque part. Se lever quand on a envie de rester au lit, c'est gagner de la vigueur. Faire son ménage, laver ses petites culottes avant de partir au boulot, c'est se préserver. Quand tu fais tout ça, eh bien, le cancer, tu ne l'attrapes pas. Tu l'attrapes quand tu es dans ta graisse. Pas dans ta graisse physique mais celle que tu trimballes dans la tête, qui te ramollit. C'est le fameux « je le ferai demain ». Tu es embué par une espèce d'inertie et, pour moi, l'inertie, c'est la mort. C'est comme la sieste : épouvantable ! Renato, il faisait la sieste, la *peniquella*. En plus, c'est un mot idiot, la *peniquella*. Il me disait : « Je vais réfléchir un peu. » Tu parles, il allait roupiller ! Je restais assise près de la fenêtre, lui, il dormait, l'ennui ! C'est comme ça que j'ai commencé à faire des mots croisés, des puzzles, des réussites. Qu'est-ce qu'on peut faire toute une journée quand on ne peut pas employer son énergie ? Je montais voir ma fille, la nurse me disait : « Ah non, pas maintenant, c'est trop tard, c'est trop tôt. Elle va se coucher, elle va se lever. » Bref, j'étais inutile et l'inutilité c'est une graisse latente. Tu as envie de bâiller, en fait tu n'as plus envie de vivre. La sieste, c'est comme la camomille, l'anesthésie.

Le bonheur, pour moi, c'est le vendredi soir, quand j'ai fini de tourner. Je mitonne un bon petit lapin et je reçois des amis. Faire la cuisine, la lessive, c'est mon plaisir. Oui, je suis maniaque, pas pour emmerder mais pour rester en éveil, et puis, c'est mieux de tout faire soi-même et surtout la cuisine ! Aujourd'hui, on en est arrivé à une cuisine pour handicapés, bêtas, abrutis. Les machines à laver, les micro-ondes, les autocuiseurs, les détersifs... Le vide. Ta viande est inerte, dégénérée. Plus d'idées, plus de fonctionnement.

Le restaurant nouvelle cuisine, qu'est-ce que c'est que ça ? Des brindilles de légumes à l'étuvée, sans goût, décharnés ; un petit caca de poisson dans une immense assiette en porcelaine, l'inodore, l'infonctionnel, la perte de temps. Plus d'envie, de saveur. L'uniformité. La vie qui s'effiloche peu à peu.

Voilà que je bâille à présent. Mes yeux se ferment, peut-être que je vais mourir, terrassée par votre paresse, votre manque d'appétit. Allez, ouste ! Moi, je retourne au marché.

Haut les cœurs, messieurs gigots d'agneau, ortolans, gibiers.

Artichauts, haricots verts, persil, tutti frutti, en farandole, s'il vous plaît !

Les demoiselles rhubarbe, oseille, courgettes, endives, laitues, scaroles, frisées, oranges sanguines, voulons-nous pincer un rigodon ? En cadence, je vous prie, dégringolez direct dans mon panier fleuri, tout droit dans mon faitout pour finir dignement dans ma modeste petite assiette toute blanche, ma nappe bleue, devant mes yeux émerveillés et dans mon ventre bien repu. J'oubliais... Champagne, mousse au chocolat, fruits confits, zeste de parfum romantique.

« Enlevé, pesé, persillé. Mademoiselle ma mère est servie ! »

C'est le matin. Une halte pour respirer, pour comprendre. Un temps pour rêver, à la limite de l'ombre et de la lumière, pour musarder, à l'écoute de mon téléphone intérieur. Que la vie est belle à la limite du chagrin et de l'abandon. Oui, maman, mon bébé, je suis là pour guider tes derniers pas.

Hitchcock, le chat — mon thermomètre, ma pendule — allongé sur mes jambes dans le lit. Le silence avant d'ouvrir les volets. On attend tous les deux, planqués dans la pénombre. Oh! le ronronneur, à ton avis, elle est réveillée? « Miaoui! » Je goûte cet instant unique.

J'ouvre furtivement la fenêtre. Tout doucement, la lumière entre à petits pas. J'ouvre un peu plus. La lumière et le soleil se bousculent, explosion finale de samba. La journée commence, à nous la vie. Bonheur de ce moment que je voudrais sans fin...

Tu es là, toujours là. On a encore plein de choses à se dire, on a encore à s'émouvoir.

Merci à toi, en haut, je ne sais pas exactement. Elle est encore là. On va passer une bonne journée.

Ah, la belle journée !

*Auguste Heflinger*

« La charlotte glacée, c'est pour madame ? L'omelette norvégienne arrive tout de suite. »

Déjeuner sur l'herbe de Bocuse après une représentation de *Madame Marguerite* à Lyon, ville natale de maman qui n'a pas voulu rater la belle occase et qui engloutit une salade de fruits rouges.

Rires, fumée de cigarette, il fait bon. Des photos en couleurs, de vacances, de souvenirs, de projets sont éparpillées sur la nappe. Une petite photo en noir et blanc glisse là par mégarde. Le temps s'arrête. Ce visage qui ne m'est pas indifférent, ces yeux perçants, ce vilain petit canard tout noir du conte d'Andersen... Brusquement, en transparence, tout se superpose : les convives attablés se transforment en cygnes majestueux ; le ballet des maîtres d'hôtel filant entre les tables et présentant les petits fours et l'addition, se métamorphose en une envolée de cygnes glissant sur l'onde.

Ta pâleur, ton égarement, tes yeux brillants de larmes...

« Mais c'est mon père ! Maman, pourquoi me l'as-tu caché ?

— Je ne l'ai pas fait exprès, ma jolie. Je ne savais pas comment te le dire. Excuse-moi.

— T'excuser de quoi, maman ? Bon, il avait un autre foyer. Nous avons subitement trois frères et sœurs, et alors ? c'est plutôt rigolo. Tu croyais que je te condamnerais ? Tu as dénoué toutes les incompréhensions, tu as devancé l'intelligence, le progrès. Tu as nourri, seule, tes petits et tu les as menés à bon port. Je t'en prie, redresse-toi. Tu en es encore plus belle. »

Mon père... Il m'a tellement manqué. Je l'ai tant appelé à travers le monde pour savoir s'il m'aimait, si je lui ressemblais. Le télégramme est resté sans réponse. Aujourd'hui, sa lettre recommandée est là, sur tes genoux.

« Dis-moi, maman, dis-moi...

— Oui, à l'hôpital, il t'a serrée très fort pour te dire adieu. Tu ne t'en souviens pas ? Tu avais ton capuchon...

— Maman, tu ne changeras jamais. Ta notion du temps est farfelue, j'avais un an et demi... »

Oui, il nous a serrés contre lui. Toi, fille mère, toute

de deuil vêtue, et tes deux orphelins. Comme je voudrais, par toutes les fibres de mon corps, retrouver la mémoire de son souffle, de son toucher, de ses yeux bleus, du picotement de sa moustache en l'embrassant.

C'est trop loin, je ne peux pas. Ça ne fait rien, maintenant, pour moi, il est une réalité. Je continuerai sa route, son voyage.

Nous sommes sortis de l'hôpital par la porte dérobée. L'ordre et la convenance entraient par la grande porte.

Il me manque à en crever.

# 4.

# La Belle Étoile

*Blanc Cassis*

Le temps de repoudrer mon nez, changement de programme ! « RENDEZ-VOUS ORLY OUEST POUR MARSEILLE. INTERVIEW TÉLÉVISÉE CASSIS. » « T'inquiète pas, ça ira vite, qu'ils ont dit, c'est pas important. » Pas important, une paille. Et puis, qu'importe ! Mon Cassis, te revoilà, tu sais que je ne t'ai pas oublié.

Ma maison s'appelait La Belle Étoile. Elle était tout, frivole, mouvementée. Ah, les marchés d'Aubagne, de Cassis ! Mes mimosas, mes oliviers, et les cerisiers ! Le cap Canaille et la mer infinie, toute bleue. Du bonheur de l'aube à la nuit, les plongeons dans la piscine toute propre ; la lavande qui la bordait, l'eucalyptus ; l'eau fraîche, délicate qui me faisait du bien ; le silence comme une attente où tout s'arrête, même la respiration, la paix enfin !

Maman, mon beau-père mort depuis, les cris des enfants, mes amours multiples, disons plutôt mes deux lignes parallèles. Combien d'aller-retour? Presque autant que mes allées et venues entre Rome et Paris.

Les départs de jour, de nuit, en voiture pleine de musique. La route qui avançait toute seule. Le but, c'était d'atteindre le plus vite possible ce havre, ce paradis accessible.

Les arrivées, la nuit ou au petit jour. Maman, les enfants, les chiens sortaient tout endormis pour m'accueillir. Tout s'éveillait, la vie reprenait. C'était la récréation, tout était en ordre.

Non, pas tout à fait, pas encore. Dans la maison, un homme près de moi. En face, au bout de la mer, l'Italie, Rome, Renato. A ses côtés, une femme, berçant un enfant qui s'éveille, a pris ma place. A qui la faute? Qui le premier a commencé? Au fond, quelle importance? Là-bas, comme ici, le soleil est le même, l'homme seul est différent. Il n'y a pas de frontière, le bonheur est international, il passe à travers la lucarne, ici comme là-bas. C'est une continuation, avec des incidents de parcours, une liberté, un temps à vivre. L'important c'est d'aimer, même si c'est biscornu. Alors, foutez-moi la paix. Je veux aller à ma guise, respirer le jasmin si j'en ai envie et peut-être aussi le joli coquelicot Madame qui fleurit par là.

Les odeurs de mon jardin, je ne peux les oublier. Je

suis à Orly et j'ai peur d'éprouver de mauvais sentiments en pensant à la maison que j'ai perdue.

La plaie n'est pas refermée.

Par ici et pas par là ? Mais qu'est-ce qu'elle me dit l'hôtesse ? Hou, hou, mademoiselle, pour Marseille, s'il vous plaît, c'est par où ? Elle ne le sait pas elle-même ! Je suis passée par ici mais je ne repasserai pas par là ! Écoutez, c'est compliqué votre truc. Avant, on donnait son billet, on le déchirait, on défilait un par un, respect s'il vous plaît, maintenant, c'est le foutoir, en vrac, en paquets. Mettre ticket dans trou, placer tout seul, c'est le sauve-qui-peut. Quelle fatigue !

« Pour Cassis, je passe par ici ou par là-bas ?

— Encore ! Écoutez, passez donc par où vous voulez. De toute façon, je ne me souviens plus de rien. Je suis toujours sur les rails mais j'ai perdu les boulons. On a déplacé le canapé, le fauteuil, le lampadaire. Tout se mélange, se tricote. Allez donc bien où vous voulez. Et puis, non ! Passez par la corniche, j'ai envie de revoir la mer. »

Une odeur lancinante de spaghetti et de tarentelle me chatouille le cou, un besoin de plonger dans la mer...

J'arrive, mes amours ! J'arrive. A la nage, c'est pas si loin. Préparez le nid douillet, laissez la porte ouverte, effaçons tout : l'ardoise, le tableau noir. Plus d'addition, aujourd'hui, c'est gratuit.

« Combien vous dois-je, monsieur le « taxidermiste » ? Arrêtez-vous. Et puis... Non, volte-face. Faites demi-tour ! »

Le spectacle est terminé !

## *Blanche-Neige*

Les odeurs et les cigales ne chantent pas en Italie... Ici, les calanques vibrent de chaleur. Entre deux blocs de rocher, sur le sable, des corps étalés rissolent, dégoulinent. Mais ils virent au cramoisi, ces pauvres gens !

C'était un dimanche après-midi, à Rome, et j'avais emmené Giulia au cinéma voir *Blanche-Neige.* Je me souviendrai toujours de ces femmes affalées sans pudeur, vautrées sur leurs sièges, criant et hurlant. Il y en avait une, les mamelles sur le ventre avec un môme qui tirait dessus et, à côté, il y avait le mari, la tête ailleurs, complètement dépassé par les événements. Je fixais l'écran et comme la femme gueulait, tout ce que j'entendais c'était Blanche-Neige qui hurlait : « *Fai, la bravina che papa ti compra il gelatino*[1] ! », et les nains criaient : « *Su cretino va prendere sto gelato per la bimba*[2] ! ». Moi, j'observais ce pauvre type du coin de l'œil et je me disais : il ne va pas tenir le coup longtemps comme ça, c'est impossible. Au premier prétexte, il se taille, vite fait bien fait et il va voir une pute, c'est obligé !

Eh oui, c'est obligé ! Parce qu'il y a des choses que tu peux faire avec ta sœur ou ta mère mais en aucun cas avec ton bonhomme, ou alors c'est du suicide. Oh, bien sûr, au départ, ils sont fous de joie d'avoir un gosse mais c'est encore pour eux plus un fantasme qu'une réalité. Les couches, les pipis et les rots, ce n'est pas leur truc. Alors, il faut prendre le virage en douceur, préserver leur pudeur, leur fragilité. Parce qu'ils sont fragiles, ces abrutis ! Dehors, c'est gros julot mais dedans, le bobo, il est partout. Alors, si ton enfant crie la nuit et même si tu as les nerfs en pelote, débrouille-toi pour qu'il ne l'entende pas. Quand ton mec rentre crevé avec des problèmes de boulot plein la tête, n'en rajoute pas avec le môme qui gueule ou tes règles douloureuses sinon il décrochera. Inconsciemment peut-être, mais il se barrera. Faut savoir tirer les rideaux, tamiser les lumières, fermer les portes. En préservant ton couple, c'est l'avenir que tu pré-

1. Si tu fais la mignonne, papa ira te chercher une glace.
2. Eh, crétin, va chercher une glace pour ta môme !

serves, que tu aies un gosse ou que tu n'en aies pas.

Moi, du jour où j'ai été enceinte, je suis devenue une déesse. Je suis devenue intouchable, tellement intouchable d'ailleurs, que, du jour où il l'a su, Renato ne m'a plus touchée. J'avais basculé dans l'autre camp : celui des mères.

Il était fou de bonheur mais ces démonstrations de joie n'ont pas été plus loin. La nouvelle lui avait coupé tous ses moyens. Et pourtant, cette maternité, c'était un miracle. Les médecins étaient persuadés que je ne pouvais pas avoir d'enfant. Et puis, en 1961, justement : le miracle ! Je tournais avec Lino Ventura *Le Bateau d'Émile* quand, le jour de mon anniversaire, j'ai compris que, paf, ça y était ! J'ai immédiatement envoyé un télégramme à Renato et comme je ne parlais pas l'italien, j'ai écrit : « *ASPETO UN BAMBINO ITALO FRANCO AMÉRICANO.* » Quand on s'est mariés, j'ai dû le violer pour avoir une nuit de noces dans les règles. Il est parti le lendemain matin et je ne l'ai plus revu pendant un mois. Encore maintenant, je me demande s'il se souvenait que nous étions mariés.

J'ai souffert, souffert. C'était l'horreur, la frustration totale. Je me sentais rejetée. Rejetée parce que j'étais enceinte ! Tu annonces à un mec que tu attends un enfant, il te répond que c'est formidable, que tu es une femme merveilleuse et, aussi sec, il fait sa valise et se barre pendant un mois !

De sa part, ce n'était pas de la méchanceté mais de la

trouille, un véritable instinct de fuite. Pourtant, je faisais gaffe. Toujours maquillée, toujours en forme, je masquais, je m'arrangeais pour être toujours impeccable. Il me fallait une sacrée discipline, surtout dans les derniers mois. Pas question d'étaler son bedon ou ses problèmes de tuyauterie. Parce que même si un bonhomme te dit : « Formidable, je vais avoir un enfant ! », neuf mois, c'est long. Avant le gosse, il y a la gestation et ça, c'est une chose que beaucoup ne supportent pas. Le fœtus, ils s'en tapent. C'est le nouveau-né qui les intéresse. Alors, dans l'immédiat, pourquoi en rajouter, étaler sa bedaine et y aller de son couplet, du genre : « Tu vois, mon chéri, regarde comme il grossit bien. Là, touche, tu le sens ? »

Renato, il ne risquait pas de toucher, regarder, pour lui, c'était déjà trop ! D'accord, ils ne sont pas tous comme cela. Moi, pas de pot, je suis tombée sur un homme qui était tout sauf un papa. De toute façon, ça ne change rien. Même si tu tombes sur un type qui vit bien la situation, ce n'est pas une raison pour lui casser les pieds. Quand je vois ces bonnes femmes *chigredi* [1] qui font chier tout le monde avec leurs douleurs et leur accouchement, j'ai envie de leur crier : « Stop, arrêtez, c'est du massacre ! » Et elles en mettent, en remettent, et c'est : « J'ai mal ici, j'ai mal là, et mes nausées et mon vagin... », mais le pauvre mec, il se taille. Il prend

1. Un mot à moi. Intraduisible !

ses jambes à son cou et il se tire. Ou alors, il reste mais, dans sa tête, il est déjà loin.

Et pourtant, ce môme dans le ventre de sa mère, c'est extraordinaire. Quand l'ambiance est bonne, il le sent, ça l'aide même, et quand elle est mauvaise, ça le démolit. J'ai vu un médecin à la télé qui mettait au monde un bébé. Sans couper le cordon, il le sortait du vagin de sa mère et il le mettait dans l'eau. Il le caressait doucement et j'ai vu cette chose extraordinaire : l'enfant souriait. Il s'est même marré et c'était fabuleux. Ce médecin racontait qu'un jour, une jeune femme de l'Assistance publique était venue le voir pour lui raconter un cauchemar qu'elle faisait régulièrement. Dans son rêve, une femme, coiffée d'une forme blanche, avançait les bras et l'enlevait. Le médecin a mené son enquête et il a découvert qu'en fait, c'était la grand-mère (qui avait un petit bonnet blanc) qui, pour éviter le scandale — la mère avait seize ans — s'était précipitée pour l'arracher des bras de sa maman. Tu vois, c'est pas si bête un fœtus, c'est même rudement malin...

Je suis dans le ventre de ma maman. Je suis, comme qui dirait, un fœtus, pas un vrai, juste un fétu de paille.

Ma maman s'imagine qu'en dedans, on ne sait pas, on ne voit rien, on n'entend rien. Elle est même tout étonnée quand je bouge.

Moi, je trouve ça marrant, parce que ici, en dedans,

je suis très bien. Bon, c'est pas grand, d'accord, mais d'un autre côté, je ne suis pas obligée de cohabiter avec quelqu'un.

Excusez-moi, je m'interromps parce que ça parle en bas... Non, c'est pas important, comme d'habitude.

Vous savez que j'entends ce qu'ils disent, mais juste quand ils parlent proches, proches, des sons étouffés. Et parfois, il y a de la lumière en bas, pas beaucoup, juste par un p'tit trou. Mais j'aime pas ça, la lumière. Quand il fait bien noir, tu vois rien, tu n'as pas de problème. Je me roule en boule comme dans un étui, je me dis que tout est parfait, qu'il ne peut rien m'arriver.

Fandrait que je m'arrange pour ne pas sortir. Je ne sais pas où je pourrais m'accrocher, c'est vrai, ça n'a pas de sens de sortir d'ici. Une fois dehors, il va falloir parler, aller à l'école, me faire exploiter pour aller travailler, tellement travailler, moi rien savoir et moi devenir vieux. Un vieux fœtus tout ratatiné, ça n'a pas d'allure. Et puis, dehors, le peu que j'en entends parler en bas, c'est pas très invitant.

Il va falloir que je sache tout, que je connaisse tout. Il va falloir que je mange quand ils auront décidé que j'aurai faim et ils vont trouver ça drôle quand je me casserai la margoulette en essayant de marcher.

Oh, c'est drôle ça, mon petit bébé, ça fait pas mal, ça fait pas mal !

Ben, tombe sur le front, toi, tu vas voir si ça fait pas mal ça !!!

Non, je sors pas ! Entendez-vous, en bas, je ne sors pas ! Arrangez-vous avec vos problèmes, c'était à vous d'y penser avant.

A part ça, je ne sais pas qui a inventé toute cette histoire. C'est pas possible, non, la sortie va être trop petite, puis après, ça va être trop grand, ils vont me poser sur le dos. Non, je reste ici !

Eh, en bas ! Je vous parle !

Ils sont partis. Peut-être qu'ils ont décidé d'y repenser. On sait jamais, ils ont peut-être décidé de changer d'idée, de ne plus être des parents, maintenant, ils ont même le droit de changer d'idée. Et moi, ça m'arrangerait. Ça m'arrangerait parce que, dehors, ça n'a pas d'allure, ça n'a pas de bon sens et puis, je suis tellement bien ici.

Je suis tellement bien que c'est ici que j'aimerais mourir [1].

Moi aussi, à une époque, j'ai avorté. Parce que j'étais seule, parce que je ne travaillais pas, parce que je ne savais pas comment l'annoncer à mes proches, que j'étais paumée, perdue. Cet enfant, je le regretterai toujours.

Sur un plan biologique, il y a un ordre que tu ne dois pas changer. Une amie m'a dit, un jour : « Je crois que je vais avorter... » Je lui ai répondu : « Tu as tort.

1. *Marguerite et les autres*. Texte de Yvon Deschamps.

Prends cet enfant, il est là... » Elle a avorté, et depuis, elle n'a jamais pu en avoir un autre. Ce n'était plus l'heure.

Un enfant, ce n'est pas seulement l'aboutissement logique d'un acte sexuel. A un moment, un être arrive. Il est « décidé ». Tu n'y peux rien, c'est ainsi. C'est ce qu'on appelle le destin. Mais tout cela ne m'empêche pas de comprendre pourquoi certaines femmes avortent.

Il y a quelques années, je tournais un film en Normandie. Dans le village, vivant dans une misère terrible, il y avait une femme, mère de douze enfants. Son mari, chômeur, errait d'usine en usine dans l'espoir de trouver un boulot. Et elle, elle était là, comme une pondeuse horrible, son gros ventre en avant, entourée d'enfants dont elle ne pouvait même plus s'occuper. J'ai discuté avec le maire du village afin qu'il lui parle et qu'il lui conseille la pilule. Il m'a répondu : « Oh, non ! c'est impossible. Vous comprenez... ma position... l'église... le curé. » Aujourd'hui, cette femme en est peut-être à son seizième gosse. Elle est peut-être à l'agonie. Alors là, je dis : l'avortement, oui ! C'est une question de survie.

N'empêche, je t'aime bien, petit fœtus. J'aime ta façon de te coincer la bulle. Sûr que tu as la trouille d'être ballotté entre le néant et la vie, entre le ciel et la terre.

Moi aussi, j'avais peur quand je prenais l'avion pour rejoindre Giulia. Qu'il pleuve ou qu'il vente ; qu'il y ait du brouillard ou de l'orage, je le prenais, l'avion. Parfois c'était la tempête, parfois la grève mais, que ce soit pour une heure ou pour un soir, je partais. Par tous les temps et dans toutes les conditions. J'ai voyagé en voiture, en train, en avion. J'ai vécu des trucs hallucinants mais je n'ai jamais raté un rendez-vous. Je hurlais de trouille mais je montais dans l'avion parce qu'il n'y avait pas d'autres solutions.

En 1969, je tournais avec Jean-Paul Belmondo, aux États-Unis, *Un homme qui me plaît.* A la fin du tournage, à l'aéroport de New York, j'avais trois solutions : Rome : Renato ; Milan : Giulia ; Paris : maman et la maison. J'ai choisi Rome avec, de toute façon — et même si je suis allée aussi à Milan et à Paris —, le sentiment de rater quelque chose quelque part.

Ah, cet avion ! Justement, ce jour-là, il y avait un orage et je décollais au pire moment. Comme j'avais peur, je voyageais dans le poste de pilotage. Je disais au commandant : « Vous ne vous occupez pas de moi. Je me mets dans un petit coin et je vous fous la paix. » Même si ça allait mal, j'étais rassurée. On rentre dans une montagne ? D'accord, allons-y ! Au moins, je suis prévenue. Mais, pour ça, il faut être devant. Derrière, tu es comme un mouton. L'hôtesse t'assure, avec un sourire, qu'il n'y a rien à craindre. Tu n'en crois pas un mot et tu as bien raison, parce que tu sens bien que tout va de travers. Moi, c'est comme avec un mec, si je suis trompée, je veux le savoir. Lui aussi, il ne te dit rien et pourtant tu sens que ça ne va pas. En fait, ce qui me paraît le plus insupportable dans un couple — ou en avion — c'est qu'on me cache la vérité. Quand on sait, on est sauvé ! Un voyage en avion, c'est comme une vie en modèle réduit. Il y a l'émotion du départ, la peur de ne jamais revenir, de se dissoudre dans un nuage et puis l'arrivée, avec l'impression de renaître une seconde fois. Et tout qui revient, comme dans une histoire d'amour. De toute façon, en avion comme en amour, la peur est obligatoire. C'est le prix, le tribut à payer. Tu paies toujours quelque chose. Tu as un succès, tu le paies par une souffrance mais tu paies dans tous les cas. Tu veux cette joie d'avoir ta fille ? Eh bien, cours le risque et paie ! Et moi, j'ai dû payer et payer. Payer pour pouvoir dire : O.K. !, j'ai vécu des émotions fortes, énormes, vitales et personne ne me les a données. Je les ai payées au prix fort parce qu'on ne donne jamais rien pour rien, on paie et on prend.

Le bonheur de te revoir, Giulia. Et moi, toujours entre départ et arrivée, avec la douleur de t'entendre me demander au téléphone : « Quand est-ce que tu arrives ? », et une fois près de toi, t'entendre me dire : « Quand est-ce que tu pars ? »

Et toi, la môme qui suppliait : « Reste encore un peu maman, encore un tout petit peu. » Et puis, il y a eu ce jour où je devais prendre l'avion pour Paris et où mon départ fut repoussé. Tu es rentrée de l'école américaine, tu m'as vue et tu t'es jetée dans mes bras. Après, longtemps après, j'ai lu dans ton petit carnet, trois lignes que tu avais griffonnées ce soir-là : « Maman m'a fait un grand bonheur. Quand je suis rentrée, elle était là. Aujourd'hui, elle est partie et j'ai pleuré. »

Ça, je ne me le pardonnerai jamais... Mais je ne pouvais pas faire autrement non plus. « Quand est-ce que tu arrives ? », « Quand est-ce que tu pars ? », ces coups de téléphone, je m'en voudrai toujours...

Giulia, ma fibre, mon essentiel, ma fauvette. Ta voix au téléphone ou par télépathie... Un besoin impérieux de te retrouver, d'effacer les absences, les obligations, les retards à vivre, mes maladresses. Pouvoir être ici ou là, quelle importance, mais avec toi. Toujours. Ne pas être obligée d'enfourcher à tout bout de champ un avion qui ne veut rien dire. Le prendre, oui, mais avec toi. Ne pas être obligée d'aller te chercher. Que tu sois là, à domicile, en permanence, en cas de besoin. T'emporter dans mon sac à dos, dans ma poche comme le kangourou avec son petit. T'arracher à ton carabinier de nurse brutale, inhumaine, qui me privait de toi.

Et puis, tu as été reprise par l'Italie. Un matin, tu devais avoir dix-sept ans, tu m'as téléphoné : « Je suis amoureuse... »

Le week-end suivant, j'ai sonné très longtemps à la

porte. Tu es apparue à la fenêtre. Tu n'avais plus les mêmes yeux. Au déjeuner, chez NINO : « Ah, mama, au fait, je suis passée à la casserole ! »

Je suis repartie le soir même et j'ai vraiment quitté Rome pour la dernière fois. J'étais devenue une femme libre mais avec beaucoup de chagrin. D'un seul coup, tout m'est revenu : « Quand est-ce que tu arrives ? », « Quand est-ce que tu pars ? », « Au fait, je suis passée à la casserole ! », autant dire : je n'ai plus besoin de toi.

J'ai vu, en miniature, la piste s'éloigner au-dessus de la mer, Rome disparaître au loin. J'étais délivrée et, en même temps, désespérée, si proche encore de m'échapper pour te voir, quitte à en crever. Tu étais ma vie et ma vie, c'était aussi mon métier. Je devais donc concilier mon travail avec toi. Parce qu'un contrat, ce n'est pas que du papier avec des mots dessus. C'est une équipe, un producteur, des tas de gens qui parient sur toi. Quand on a un boulot, il faut le faire, malgré ta vie, malgré ta môme qui attend, malgré tout. D'ailleurs, même toi, Giulia, tu ne m'aurais pas demandé d'arrêter. Et qu'on ne vienne pas me dire que j'aurais pu renoncer à ma carrière pour pouponner. Même secrétaire, je ne l'aurais pas fait. Une femme a quand même le droit d'exercer son métier et d'être avec son gosse ! Et puis, ça m'aurait servi à quoi d'être à temps complet à Rome ? Qu'est-ce que j'aurais fait de plus ? Des spaghetti ? Même pas ! Il y avait une cuisinière pour cela et une nurse pour la môme, parce que moi, aux yeux de Renato, j'étais « l'artiste », et donc incapable de m'occuper de ces choses-là. Pour lui, je n'étais pas une réalité mais une artiste qu'il fallait doubler. Droit de rien. Je n'avais pas mon mot à dire dans cette maison que je détestais.

Et d'abord, qu'aurais-je pu dire ? Je ne parlais pas un mot d'italien. Pendant deux ans, j'ai vécu avec *L'Italien sans peine* ou des expressions que je gribouillais sur un carnet. Un soir, où nous étions avec des amis, dont la femme de Francesco Rossi, la discussion est venue sur la guerre d'Algérie. A force d'entendre des inepties, je me suis énervée et je me suis lancée dans un discours franco-italien. Une femme s'est retournée, elle m'a fixée avec des yeux qui lui sortaient de la tête et elle a lancé : « Mais elle parle ! » C'était une découverte.

Jusque-là j'étais la femme de Renato, c'est-à-dire : rien ! Quand il tournait à Bologne, ou ailleurs, je restais cloîtrée. En Italie, quand le maître est absent, tu restes seule. A six heures du soir, j'entendais les cloches qui carillonnaient dans tout Rome — c'est fou, le nombre d'églises qu'il y a, à Rome — et je me répétais : je vais mourir, je vais mourir !

Je n'avais aucune responsabilité, aucune occupation. J'étais inutile. Inutile d'être mère, inutile d'être ménagère, inutile d'être amante : J'étais un ramassis d'inutilités.

Moi, j'ai été élevée en Normandie. Les fleurons de

mon enfance sont la crème et le beurre. La nurse de Giulia était une vieille fille toscane, très religieuse, sèche et raide. Je l'appelais « Le carabinier ». Chaque soir, je la voyais qui fichait du parmesan et de l'huile d'olive dans la soupe de ma môme (quelle hérésie !) et je me disais : « Mais, comment est-ce possible ? »

Au début, forcément, Giulia a commencé à parler italien et puis, un jour, longtemps après, elle a sorti : « Parapluie ! » J'en suis tombée raide. J'ai gueulé : « Elle parle ! », mais « Parapluie ! » c'est comme le parmesan et l'huile d'olive, ça ne rimait à rien !

Sur la plage, rebelote, la môme, même en plein soleil, n'avait pas le droit de boire. Paraît qu'il fallait manger avant, que c'était complémentaire ! Pas le droit de filer les fesses à l'air. Dès que je lui retirais son slip débile, le carabinier fonçait avec une grande serviette dans l'espoir de cacher je ne sais quoi. Avec ses grêles et grandes guibolles, on aurait dit « Olive » dans *Popeye*...

Parfois, je risquais... « Je peux habiller la petite ou faire la cuisine ? » Renato me répondait : « Laisse faire la nurse » ou « Laisse ça à la gouvernante ». Il me retirait mon respir, le sel, le poivre, le piment, toutes les choses que j'aime.

A défaut de mourir, je m'endormais et j'ai bien failli m'endormir tout à fait. Côté cinéma, c'était plutôt à la baisse quand Claude Lelouch m'a appelée pour tourner *Vivre pour vivre*. Pour moi, c'était revivre. Revivre d'aimer.

# 5.

# Comédie d'amour

## *Valise en tête*

Claude Lelouch est le seul metteur en scène qui m'ait donné l'occasion de m'exprimer, d'aller plus loin que mon rôle de comédienne. C'est quelqu'un qui a un troisième œil. Il te dit : « Oui, c'est ça. Tu rentres dans la chambre et tu le regardes », et puis, d'un seul coup, mine de rien, il filme quelque chose à côté. C'est pourquoi, avec lui, il faut toujours être à l'affût, fin prête, à chaque minute, à chaque instant.

Pour *Vivre pour vivre,* j'ai commencé par faire des essais aux studios d'Épinay. Je suis repartie à zéro comme une débutante. C'était le jour de mon anniversaire, alors je me suis dit : « Je vais l'avoir, ce rôle, c'est évident ! »

Avec Lelouch, il n'y a pas de texte. Tout ce que les acteurs racontent, ça sort de leurs tripes, ça vient d'eux. Ils sont leurs propres auteurs.

Tu ne connais pas plus l'histoire. Tu ne sais que ce que tu as pu ou cru comprendre. C'est toute la ruse de Lelouch qui te tend des pièges pour filmer à chaud tes réactions.

Au début de *Vivre pour vivre*, quand Montand revient d'un match de boxe et qu'il me rejoint dans le lit, Lelouch ne m'a pas dit qu'il y est allé avec sa maîtresse. Si je le savais, je ferais la gueule et ça changerait mon comportement pendant la scène. Donc, je ne sais rien et je l'accueille les bras ouverts. Il est évident que si Montand m'avait dit en arrivant : « Eh bien, voilà, je me suis farci la petite après le match », tout serait différent !

Quand je pars avec lui à Amsterdam, c'est la même chose : Lelouch me dit à brûle-pourpoint : « Demande à Montand s'il t'a déjà trompée. » A chaque fois que je revois le film et la tête de Montand quand il me répond, je hurle de rire. Il doit se dire : « Bon sang ! on parle de ma vie ou on parle cinéma ? Comment vais-je faire pour ne pas mélanger les deux ? » C'est vrai qu'il était salement emmerdé. Quant à moi, je sortais d'une histoire très dure avec Renato et je luttais encore pour reprendre le dessus. C'étaient nos vies qui remontaient à la surface. Nous puisions dans nos histoires et Lelouch en a gardé l'écume. Il m'a fait suivre l'itinéraire d'une femme qui sent que son couple dérape, qui surprend les mensonges, les absences, qui encaisse au lieu d'éclater et part sans bruit, sans une scène.

S'abaisser à faire une scène ? Pourquoi ? Non, plutôt le regarder dans les yeux... « Oui, mon amour, on est bien », jouer la conne et partir avec élégance, sans prendre la peine de le prévenir, en lui lançant incidemment : « Salut, pauvre con. Je me taille ! »

Il faut toujours fuir dans ces moments-là. C'est le seul moyen pour qu'il revienne. C'est une loi. Bien sûr, c'est difficile. Ça demande du temps mais c'est presque une jouissance de se détacher peu à peu et de se retirer en lui assenant un grand coup sur la tronche.

Non, ce n'est pas un départ calculé, c'est un ras-le-bol. Marre de pleurer, d'attendre, d'être humiliée. Marre ! marre ! marre ! Plutôt que de le regarder te parler sans te voir, quitte à en crever, il vaut mieux sauter dans le vide. Et puis, de toute façon, le jour où tu es tirée d'affaire, où tu te crois libre, où tu es libre, eh bien, tu n'es pas sortie de l'auberge, parce qu'il revient !

*Vivre pour vivre, Un homme qui me plaît,* c'est l'histoire d'un homme et d'une femme qui ont une double vie. Cachotteries, mensonges, angoisse... Téléphone pour expliquer, pour donner le change, pour faire croire que... Tu mens pour sauvegarder un couple qui n'est même plus ta vie mais que tu défends... Pourquoi, au fait ? Tu t'évades avec l'autre mais tu n'échappes pas à la réalité. A un moment donné, où que tu sois, tu es bien obligée de dire : « Excuse-moi, je vais téléphoner », pendant qu'il passe dans la salle de bains et fait semblant de ne pas t'écouter.

De toute manière, quand tu es cocue, c'est toujours de ta faute. Pour faire bander un homme, il faut lui échapper. Attends-le bien gentiment à la maison et... « Oh, où est-il passé ? »

Il faudrait toujours s'aimer comme si on se voyait pour la dernière fois. Il faut toujours avoir ses valises dans la tête.

## *Mes princes*

En 1959, je jouais au théâtre des Ambassadeurs *Deux sur la balançoire* quand Luchino Visconti me demande de partir pour Rome faire des essais pour *Rocco et ses frères*. C'était bien avant Lelouch et je débutais...

Ni une ni deux, je prends mes cliques et mes claques et je débarque à Rome. J'entre chez Luchino, j'ouvre la porte de son bureau et je vois un mec... Le genre de mec dont je regarde d'abord les mains. « C'est là que tu vois comment ça se passe », comme disait la Simone de *Première jeunesse*. Tout le monde croit que c'est le nez qu'il faut lorgner mais en vérité, ce sont les doigts et les mains. Oui, madame ! C'est l'avantage qu'on a sur eux, comme ça, on sait où on met nos pieds, si on peut dire...

Donc, Luchino Visconti m'attendait ! C'était un homme intelligent, drôle, un être démesuré. Un monstre aussi, quelqu'un qui pouvait être très méchant et très dur dans le travail, entrant dans de grandes colères mais aussi... un homme délicieux, un comédien merveilleux. Il avait un langage, son langage. Tourner avec lui, c'était...

Visconti, c'était mon amant, mon mari, mon père, mon prince charmant.

Môme, mes princes charmants étaient Gary Cooper, Errol Flynn, Tyrone Power, Robert Mitchum. Quand j'avais envie de rêver, j'allais au cinéma. Un jour, brusquement, le prince crève l'écran et se plante devant moi : Mitchum ! D'accord, je n'étais plus une gosse, en plus j'étais comédienne mais la magie etait restée la même : intacte !

Vertige... Il n'était pas là par hasard. Il venait d'Hollywood présenter son film *La Fille de Ryan.*

« Qui voulez-vous rencontrer ?

— Annie Girardot » (cette bonne blague !).

J'ai choisi le restaurant. Il était tout étonné d'apprendre que *La Nuit du chasseur* était un film de référence en France, respecté et aimé de tous. Il parlait, je le regardais. Il parlait encore, je le regardais toujours. Il riait et je louchais sur le foie gras des Landes qui se décomposait dans son assiette. A la fin du repas, il lève sur moi son regard éternellement fatigué : « *To morrow, I'm going to London to see my friend*

*Ava Gardner. You come with me?*[1] » Mais qu'est-ce qu'il me dit? Londres, Ava Gardner... Le rêve! Partir, demain, tout de suite? J'arrive.

Je ne suis pas partie et je le regretterai toujours. J'aurais dû penser à moi. Tracer mon chemin qui n'était pas seulement celui de ma fille ou de ma vie de tous les jours. Oui, il y a un moment dans l'existence qu'il faut accomplir pour soi-même. C'est ce que les hommes font parce qu'ils ont toutes les possibilités. Ils peuvent aller à hue et à dia. Ils brûlent leur liberté, ils n'en profitent même pas. C'est con! Nous, on en profiterait mieux. On le ferait moins souvent mais on le ferait bien!

Les hommes sont libres, nous ne le sommes pas. La liberté la plus belle est celle que l'on s'octroie, la seule qui nous équilibre. J'ai raté un beau voyage mais j'en ai réussi d'autres...

Remarquez, mon équilibre à moi, c'est deux! Je ne sais pas si les femmes vivent mieux avec deux hommes, mais moi, oui! Et puis, allez savoir, si l'occasion se présentait, les coquines... J'ai de l'énergie pour deux. En tout cas, trop d'appétit pour un seul homme, ça lui fait peur, faut le comprendre. Si je trouve un homme plus fort que moi, il me suffit, mais s'il est moins

---

1. « Je pars demain pour Londres pour voir mon amie Ava Gardner. Tu viens avec moi? »

vigoureux, il est évident que j'en ai besoin de deux, et peut-être de trois, mais enfin, il ne faut pas exagérer quand même parce que c'est très fatigant et puis il faut de la mémoire, une mémoire d'éléphant.

Je suis comme la petite bicyclette d'enfant. J'ai besoin de mes roues pour m'équilibrer. Pour peu que les deux bonshommes se complètent, y a tout à gagner. Évidemment, vaut mieux qu'ils n'en sachent rien. Parce que chez eux, la violence, c'est comme un coup de fièvre, de folie. Ils ont la haine. Entre eux encore, ils se débrouillent parce qu'ils sont d'une grande lâcheté, nos malabars, mais...

Ça vous étonne ? C'étaient mes années folles. J'ai toujours été fascinée par *Brève rencontre,* peut-être parce que ç'a été toute ma vie. Mais non, ça ne vous étonne pas... De toute façon, vous me connaissez mieux que moi-même et peut-être qu'inconsciemment c'est mon désir de croquer dans la vie qui vous a attirés, et vous avez raison !

*Une femme tout simplement*

Pourquoi est-ce que je fais partie de votre famille? Pourquoi moi et pas Marlène Dietrich? Parce que je vous représente! Je suis votre cousine, votre tantine, votre maman, votre fiancée. Je n'étais pas à la mode il y a vingt ans, j'étais à ma mode à moi qui est celle d'aujourd'hui.

J'ai été juge, avocat, chauffeur de taxi, flic, chirurgien, une femme qui luttait contre le cancer, une femme qui mourait d'aimer, une femme toute simple qui essayait de concilier son boulot et son enfant. Vous n'êtes pas venu voir une vamp, belle, irréelle, mais une femme, tout simplement!

J'ai toujours fait mon marché, mes courses, mon ménage. Je n'ai jamais été une star veloutée mais une femme qui s'assume depuis toujours. Je n'ai pas de subventions. Je paie mes impôts comme tout le monde, plus que tout le monde (parce que je suis une artiste, ah, là, là, on dit que...). Il est certain que j'ai tourné beaucoup de films, mais un acteur, ça tourne, et un jour, ça ne tourne plus. Et quand il est dans la panade, qu'est-ce qu'on fait ? Je ne vais quand même pas m'engager comme femme de chambre, alors je commence déjà par faire la mienne. Je suis peut-être une star mais je suis seule ! Ai-je un gentil mari qui s'occupe de tout ? des enfants qui me versent une rente ? un oncle à héritage ? un métier qui m'entretient, allocations, chômage et tutti quanti ? Non ! Il me reste le Tac au tac, le Loto, le Tapis vert et même les jeux du *Parisien*. Bref, je fais comme vous : je me démerde !

Je suis une femme accessible. Une femme qui prend son cabas, arrive chez l'épicier...

« Bonjour ! Comment ça va-t-y donc, aujourd'hui ?

— Ah, bonjour, madame Annie ! »

Je vous rencontre à tous les coins de rue, sur le zinc en sirotant mon café. Nos rapports sont sains. Vous me parlez, je vous réponds, poliment, c'est aussi simple que ça. Si je vous déçois ou si je vous manque, vous venez me le dire, comme la petite dame qui, il y a un an, parce qu'elle ne me voyait plus au cinéma, m'a prise à la gorge, en criant : « Mais vous allez tourner, oui ou non ! » Il y a aussi celles qui me demandent conseil et auxquelles je réponds : « Mais non, te bile pas, fais comme ça ! » et celles qui me racontent leur vie et c'est tant mieux ! Ça prouve que les liens sont profonds et que les comédiens servent à autre chose qu'à faire les guignols.

Que vous soyez dix mille, ou un, ou deux, mon plaisir à donner est toujours le même. Qu'on cesse de me dire que le public veut ceci ou cela. Il veut du cœur ! Il faut offrir l'amour, l'espoir, la réflexion à ces gens que je ne vois pas mais que je sens.

Avec *Madame Marguerite*, c'était différent. Les spectateurs étaient mes élèves. A un moment, je descendais dans la salle et je les regardais. Ils n'aimaient pas trop... Ils étaient enfouis dans leurs fauteuils, paniqués. Ils ne savaient plus où ils étaient... « Mon Dieu, elle va me faire monter sur scène ! »

A la générale, j'ai vu le fameux critique, Jean-Jacques Gautier, qui faisait la pluie et le beau temps au *Figaro*, en train d'écrire, le nez sur sa feuille. J'avais envie de lui crier : « Regarde-moi ! Tu ne vois pas que je suis en train de crever ? Lève la tête, écoute-moi. Qu'est-ce que tu écris là ? Est-ce si important ? Laisse tomber le stylo. Tiens-toi droit et si, pour toi, le spectacle, c'est de la merde, tu auras le droit de l'écrire mais, au moins, tu l'auras vu ! »

Faut laisser le public déguster en douce, prendre son pied. Il est farouche, il te veut pour lui tout seul. Après, bien sûr, il viendra te parler, mais, pour l'instant, pas touche ! Il pleure ou il rit, et nous, on se marre de l'entendre. C'est un tel don, la joie du public.

Certains soirs, on croit qu'il est froid mais c'est de la pudeur. Ou alors, il n'est pas nombreux, il n'ose pas.

Il y a des jours où tu n'es pas en forme. Si tu n'appuies pas sur le champignon, tu passes à côté. Et puis d'autres, où tu as la grâce. Tu lui en mets plein la tête, plein le cœur. Tu lui fiches un coup qui le laisse K.-O. Tu lui envoies la purée et, paf, il te la renvoie.

J'ai toujours mon sac à dos, ma gamelle. Je suis prête à prendre la route, l'avion, pour rencontrer ces petits yeux, ces petites oreilles, ces petits cœurs... Avec le cinéma, j'envoie le message en Chine, en Pologne, au Pérou et, un beau matin, je suis peinarde dans ma baignoire quand là-bas :

Reçu cinq sur cinq. L'émotion est arrivée !

# 6.

# Lever de rideau

*La petite mort*

« On lève le rideau dans trente minutes ! »

Oh, là, là ! Pourquoi ai-je accepté ce spectacle ? J'étais si bien chez moi, libre... Et ces coulisses, je ne connais rien de plus triste que des coulisses. Aucune chaleur. L'attente. Envie de foutre le feu au théâtre pour ne pas jouer, de prendre la poudre d'escampette. J'envie l'habilleuse qui tricote en attendant la fin, en grignotant quelques babioles, en bâillant, surtout.

« Y a du monde ?

— Pas mal... » (C'est déjà ça !)

« Le rideau dans quinze minutes ! »

Certains comédiens disent qu'ils se concentrent... Mais sur quoi, sinon sur eux-mêmes ? Se concentrer, c'est idiot! Je ne sais pas qui est le public ce soir, comment il va réagir, comment mon partenaire va respirer. C'est comme si tu disais : « Tiens, il fait un beau soleil... Demain, on part en pique-nique! » Et le lendemain : orage épouvantable!

Ils disent qu'ils se préparent... C'est comme si avant une corrida, le torero se disait : « Le taureau entrera par ici. Moi, j'irai par là; je lui ferai une passe à droite, olé; il reviendra à gauche et, hop, je lui planterai les banderilles! » Et hop, torero, tu te feras encorner!

Comment se préparer à une chose que tu ne connais pas? Il faut arriver vide de tout. Oublier sa journée, ses ennuis, ses galipettes. Être présent, ne pas s'énerver, mais se concentrer, sur quoi, mon Dieu? Tu dois arriver en scène, vide. Ton texte bien dans ta tête mais vide comme un ballon qui fait Pfft... Ton plan de vol, c'est écouter, sentir d'où vient le vent et partir. *Go!*

Mesdames, messieurs, moi, je ne vous connais pas d'abord. Vous, finalement, vous savez peu de chose de moi : des on-dit, des gazettes, des propos... Alors, on va faire connaissance. Je vais tout vous donner, peut-être ma vie. C'est ce qui a failli m'arriver au théâtre Montparnasse dans *Marguerite et les autres*, quand je suis tombée du trapèze sur la tête!

Quels sont vos désirs, vos envies? Et moi, qu'ai-je pris dans la gueule dans la journée? Bon, on verra ça plus tard... Je serai ce soir ce que vous voudrez que je sois. Mon mot à dire, quand même, quand je vous enverrai au tapis, groggy.

Quelle jouissance d'agripper, en scène, des silences, des éclats de rire, des instants que je croyais ne pas connaître et que je redécouvre tous les soirs. Quel match étourdissant, inattendu. Peut-être aussi parce qu'il y a la peur... sûrement! Tu t'accroches au moindre soupir. Prête à tout, à la catastrophe comme à l'envolée. En scène, je suis éternelle, les morts ressuscitent, mon amour m'emmène par la main, la guerre n'existe plus. Tout est possible.

Vos applaudissements me façonnent, me sculptent. Mon œil devient plus ardent, plus grave à l'écoute et, cela, sans le moindre effort.

Oui, le succès te transforme, te cisèle, t'affine, te taille à coups de serpe. Il te rase la moustache, fait surgir le favori. Un bonnichon (pompon) sur la tête et je suis Greta Garbo!

« Cinq minutes! »

Je n'aime pas qu'on me donne des ordres! C'est vrai, ça! Bon... D'accord, on y va...

Chez nous, on appelle le trac la petite mort. Le chemin de la loge à la scène, c'est celui du torero vers la foule qui l'attend, le couloir de la mort, la marche du boxeur vers le ring, l'entrée des gladiateurs dans l'arène. La peur. Urgence immédiate : être en caoutchouc, dans ta tête, dans ton corps, malléable.

C'est difficile de jouer une pièce trois cents fois ; difficile d'écouter trois cents fois les mêmes phrases, les mêmes mots, et de répondre comme si tu les entendais pour la première fois.

Du talent tous les jours à la même heure, c'est fatigant !

Après trois cents représentations, certains comédiens — rares, heureusement ! — ne t'écoutent même plus. Ils te débitent leur tirade quand tu as le dos tourné et te répondent avant que tu aies eu le temps d'ouvrir la bouche. Qu'importe ! J'ai eu la grande chance de jouer avec des partenaires fabuleux : Jean Marais, Michel Auclair, Michel Serrault, Robert Hirsch et dernièrement Daniel Ivernel. Ce sont des êtres qui existent, qui respirent. Leur souffle n'est pas forcément le même d'un soir à l'autre mais ils se donnent vraiment. Il faut se donner au public sinon il dit : « Oh, comme ils jouent bien ! » Moi, quand on me dit ça, on m'insulte !

*Précieux et ridicules*

De grâce, soyez naturels ! On ne prend pas le voile parce qu'on joue du classique. La mine chagrine, l'œil à la mords-moi, le chigredi... Molière était vivant, jouisseur, et il l'est toujours. Un peu de santé, de sincérité, que diable ! Aucune gravité en la matière, elle est ailleurs, à sa place. Enlevez-moi le guindé, le cérémonieux, l'accent circonflexe. Vous vous transformez en bénitiers. Il parlait naturellement cet homme-là !

Molière, c'est l'ABC du métier, le certificat d'études, la purée mousseline. Hors d'ici. Vos soupirs, vos geignements sont insupportables. Sanglotez mais ailleurs, derrière le décor. Ne nous infligez plus ces devoirs besogneux, cet ennui, cette nourriture de cantine. Épargnez-nous votre incapacité, vos tortillis, vos virages. La ligne droite est le plus court chemin pour aller d'un point à un autre, ça suffit !

Le trajet de Molière, sa direction sont d'aujourd'hui, de demain. Certes, son langage est différent. La forme peut paraître désuète mais l'évidence est toute droite. Vous êtes amidonnés, cloués par les siècles passés. Mais la flamme, elle est là. Donnez-la, bordel ! Ne maquillez pas, ne faites pas semblant de penser en XVIIe siècle. Molière est intemporel, il en a assez bavé pour cela. Alors, ne le décevez pas.

Je vous conseille d'aller à la Comédie-Française, vous y verrez une certaine discipline, du respect pour le théâtre classique et beaucoup de talent. Suivez le rang en silence, pas un mot de plus. « Oh, vous jouez Molière ? Attention... » Et alors, qu'y a-t-il de plus facile, de plus évident ? Rendez-lui hommage, il le mérite !

+ + + = ZÉRO (C.Q.F.D.). Pourquoi fais-tu du joli sur du joli ? Parle naturellement un joli texte, il en deviendra admirable. Efface-toi, disparais dans le costume et sois présent en 1988 avec la même sincérité qu'aux siècles précédents. Vous me faites de la tragédie antique. Incompréhensible ! Moi pas comprendre, moi rien savoir, moi abrutie. Le téléphone est coupé. Je n'entends plus rien. Articulez ! De la souplesse, du roulement à billes. Essayez l'aérobic (j'ai horreur de ça mais ça vous fera peut-être du bien) ou la planche, c'est très bon... Non, soyons sérieux. Riez, pleurez, jouissez, il n'y a que ça qui compte. Depuis des millénaires, c'est la seule chose intacte, indéformable, qui ait parcouru les années-lumière. Pensez aux enfants, à l'école. Vous transformez le message.

Contente-toi de transmettre, c'est important, ça aussi, et fais abstraction de ton moi, c'est la moindre des politesses. Ce n'est pas un problème géométrique ou de conscience. Les pièces de Molière sont des histoires toutes simples d'amour éperdu, déçu ; d'une folie irremplaçable, un appel au secours.

Souligné

Souligné

D'un coup de 

à plumes. Évidemment !

Ils étaient deux mille dans l'amphithéâtre de la faculté de Bruxelles pour *Madame Marguerite*. Plus le cadre est grand et plus la pièce a d'envergure et d'envol.

Au départ, personne ne voulait de la pièce. Les critiques l'ont boudée, et pourtant... C'est un rôle qui m'a habitée, qui me possède encore. Quelle chance extraordinaire d'interpréter un texte aussi fort, toute seule. Aujourd'hui encore, j'ai besoin d'elle. La garce ! Elle m'a ensorcelée.

Ils sont deux cents à m'attendre... « En scène ! » Place à l'émotion !

# 7.

# Le puzzle des forains

*Le bon œil*

Maman consultait toujours les astres à mon sujet. Elle allait voir des astrologues, des médiums, et tous lui disaient : « Votre fille a un thème dramatique dans sa vie. » Cette idée me terrorisait jusqu'au jour où je me suis aperçue que je vivais cette fatalité à travers mes rôles.

A l'écran, j'ai trucidé, j'ai été trucidée par le feu, le fer, le poison. Finalement, ce sont des choses qui auraient peut-être pu m'arriver si je ne les avais pas vécues au cinéma.

Jean Gabin disait : « Pour faire un film, il faut premièrement une bonne histoire, deuxièmement une bonne histoire, troisièmement une bonne histoire. » Avec un bon sujet, l'acteur, il a la pêche et il est bon, voilà, c'est pas plus compliqué.

Le cinéma, c'est un puzzle (peu importe, j'adore les puzzles !). C'est pourquoi tout doit être en place. Je réponds toujours « présente ». Je suis à l'heure au rendez-vous, à toutes les prises. Et c'est là, la difficulté. Au théâtre, tu as une préparation, tu as un milieu et une fin. Au cinéma, tu commences une fois par le milieu et une fois par la fin. Tu marches en crabe, dans le désordre, et c'est normal.

Si tu dois tourner une scène dans une église, tu enchaînes toutes les scènes qui se déroulent dans l'église. Tu ne vas pas faire la navette de l'église à Tombouctou, sous prétexte de respecter la chronologie !

Même si je joue la suite d'une scène trois mois après, je suis dans le rythme, je suis raccord. Tous les acteurs sont comme ça, enfin, les bons ! Catherine Deneuve, Brigitte Bardot, elles sont présentes ; Alain Delon, Jean-Paul Belmondo, il n'y a pas besoin de leur faire un dessin ; Noiret, Montand, ils ne se gourent pas !

J'ai tourné quatre films avec Philippe Noiret. Je peux le perdre de vue pendant trois ans, quand je le retrouve, c'est comme si je ne l'avais jamais quitté. Patrick Dewaere, tu te demandais toujours comment il allait réagir d'une prise à l'autre. Il était imprévisible. N'empêche, c'était toujours logique. Être raccord, renifler le public, deviner son trouble, c'est un don.

Dans un film, je sais ce qui va fonctionner. Je sais où et quand il va toucher le public. Je sais comment viser la cible et taper dans le mille. Il n'y a qu'un acteur pour sentir cela. Personne d'autre, ni le producteur, ni le metteur en scène, ni l'auteur, ne peut éprouver cette sensation indéfinissable. Lino Ventura était un acteur-né. D'instinct, il connaissait la chanson.

Le cinéma, c'est de s'adresser à son partenaire, de lui parler, de l'émouvoir avant de lui tomber dans les bras :

« Enfin, tu es là ! Laisse-moi te regarder, te toucher. C'est toi ? C'est bien toi ? »

En fait, je débite mes fadaises au bout de chatterton qui est collé sous l'objectif, à moins que mon partenaire ne soit bien gentil et ne me donne la réplique derrière la caméra. Parfois, en pleine action, la larme à l'œil ou au fond des draps :

« Mais oui, c'est bien toi ! Ahh...

— Stop ! Coupez ! Il y a un bruit de fond ! »

On continue :

« Embrasse-moi. Prends-moi !

— Arrêtez tout ! »

Là, c'est le cadreur qui n'est pas content. Et puis l'éclairage qui n'est pas au point ou un pompier qui s'est trompé de porte et qui traverse le plateau. Donc, si on résume la situation, il y a d'abord le metteur en scène, l'opérateur, le cadreur, le mec du son et enfin, après, bien bien après, l'acteur, qui pense timidement :

« Je préférerais la première prise... », mais qui ne dit rien, et pour cause : il n'est pas invité au montage !

Qu'il y ait six ou dix prises, douze ou quinze, ne sera gardée que celle où la mise en scène est impeccable, la lumière divine et le son en béton. Alors, je me méfie. Je dois à chaque fois être à la hauteur, en ébullition. Si je veux sauver mes billes, je ne peux pas me permettre de bafouiller, de jouer un cran en dessous, alors, j'ai l'œil.

De toute façon, si tu n'as pas d' « œil », tu ne peux rien faire au cinéma. C'est le regard qui compte, c'est l'âme. Tu es en colère, tu le regardes et, hop, il rentre dans sa coquille ! L'amour ou la joie, tu les lis dans les yeux. Parfois, dans un restaurant, un inconnu me regarde et je suis troublée. Ses yeux me parlent, me racontent...

Gabin, Delon, Raimu..., des regards ! Jacques Brel avait un œil fantastique. Et Piaf !

Il y a aussi le regard des machinos, là-haut sur leurs échelles. Ils t'entourent, ils te suivent, se figent, parfois, pour t'écouter. A eux, on ne la fait pas ! Quelquefois, au hasard des films, on se retrouve. On fait un bout de chemin et puis on se quitte.

Elle est triste, notre histoire. C'est le métier. Nous sommes des forains. Il faut continuer la route !

*Si vous étiez venu hier...*

Vous croyez qu'un acteur se dit, le matin, en se levant : « Tiens, aujourd'hui, je vais interpréter Jeanne d'Arc ou Marie Pervenche ! » Eh bien, non ! L'acteur, il attend poliment qu'on vienne le chercher, et quand personne ne le demande, il reste seul, seul à en pleurer.

Moi, je ne refuse pas de tourner mais, en ce moment, on ne m'apporte rien. Rien à becqueter dans ces rôles de mamies ennuyeuses au possible. Des personnages gris ! Alors, plutôt que de jouer dans du gris...

Je ne demande qu'une chose : avoir un sujet à défendre. Si c'est pour faire trois minutes dans *Papy fait de la résistance,* je préfère encore rester chez moi !

J'attends que quelque chose me botte. Je suis partante, il suffit qu'on m'ouvre le robinet pour que j'y aille. C'est parce que personne ne m'ouvre la porte sinon j'irais. J'y suis toujours allée, d'ailleurs.

Eh bien, voilà, je suis là, à la porte, et j'attends. Je veux bien la forcer mais ce n'est pas pareil et puis ce n'est pas mon boulot. J'attends que l'amour l'ouvre, qu'on me dise... Qu'on ne me dise même pas... Pfft... la porte s'ouvre. C'est ça que j'attends. Oh, bien sûr, je peux l'ouvrir moi-même. Je peux appeler le serrurier. J'en ai d'ailleurs appelé un tout à l'heure, il viendra à deux heures.

« Dring ! C'est le plombier ! »

Ah bon ? je croyais... Il y en a même deux ! Ils montent, descendent, sortent, avec, pour moi, l'obligation d'appuyer, à chaque fois, sur l'interphone pour qu'ils puissent rentrer. Ils sont indispensables mais je me demande vraiment si leur remue-ménage sert à quelque chose. Tout va mal quoi qu'il arrive. Que ce soit la baignoire qui déborde, le robinet entartré ou la fuite d'eau, est-ce bien utile de les appeler ? Je finis par croire que tout est bouché de partout ; qu'ils n'y peuvent pas grand-chose et qu'il est grand temps que je me secoue !

Remarquez, c'est pratique. Avec eux, je suis au parfum de tout ce qui se passe dans la maison. Plus besoin de téléphoner chez ma mère, en face, ou chez ma fille, au premier...

« Votre mère vous demande où est Germaine.

— Qu'est-ce que j'en sais, moi ! »

Je crie dans l'escalier :

« Giulia, t'as pas vu Germaine ? »

Maman apparaît sur le palier :

« De toute façon, elle n'en fait qu'à sa guise ! »

Le plombier qui n'a rien compris :

« Je lui dis quoi, à votre maman ? »

Encore une si jolie matinée de foutue ! C'est si beau, le matin ! Tout est possible, réalisable. Et tout s'effrite avant d'avoir commencé. Pourquoi ne puis-je avoir le sentier paisible, l'ouverture silencieuse ?

« Enfin, Germaine, où étiez-vous ?

— Ah, madame Annie ! J'ai tout exécuté chez Giulia. C'est votre maman qui me l'a demandé ! »

« Dring ! » Ah, c'est le serrurier ! Mais pourquoi ferme-t-on à clef ? Pour empêcher les voleurs de voler ? Qu'ils viennent et on sera tranquilles ! Ils sont toujours venus, d'ailleurs. Non seulement ils sont entrés mais en plus, ils sont sortis, eux !

De toute manière, la clef ne sert à rien. Elle n'empêche pas le désespoir et le chagrin d'entrer. Ils arrivent toujours où ils veulent. Tu ne peux pas les foutre à la porte, la claquer derrière eux. Ils repassent par la fenêtre ou par la cheminée.

L'oiseau auquel tu ouvres la cage, s'en va-t-il ? Pas sûr ! Mon chat, lui, n'attend que ça. La porte est à peine entrouverte... Un ouragan, il est parti ! Et tout ça pourquoi ? Pauvre abruti que j'aime ! Pour rester immobile en bas à attendre... peut-être l'ouverture définitive des portes.

Le soir, quand je rentre du théâtre, je retrouve ma porte fermée à triple tour, les volets cadenassés. Plus de lumière. Même le gaz est fermé! Il y a toujours quelqu'un qui croit bien faire en verrouillant la maison du sol au plafond. J'ai l'impression de récupérer la résidence secondaire abandonnée pendant l'hiver, avec ses housses sur les fauteuils et mon chat, hébété. C'est tous les soirs, le nettoyage de printemps. Ça me fait penser à mémé qui disait :

« Ce studio que tu as acheté avec vue sur Notre-Dame, est-ce bien raisonnable?

— Mais bien sûr! Je ne l'ai pas payé cher. L'escalier est épouvantable, quant à la vue, je l'ai quand je monte sur un tabouret! »

Alors, mémé, avec un air solennel et digne :

« Parce que, oh! surtout, tu te rends compte, si tu recevais des gens importants..., des gradés! »

Ah, ma mémé-confiture..., des gradés!

Au fait, et le serrurier? Ah, le voilà, justement! Je fonce :

« Cher monsieur, le problème est très simple : quand je rentre la clef dans la serrure et que j'ouvre la porte, la clef reste coincée. Si je veux la récupérer, je dois fermer la porte à clef. Vous me suivez?

— ????

— Donc, porte ouverte : la clef bloquée. Porte fermée : je récupère ma clef mais c'est moi qui suis enfermée. Donc, affreux dilemme : la clef ou la liberté !

— Euh... »

Eh bien voilà, c'est comme au cinéma : il n'est pas là quand tu y es ; et quand tu voudrais qu'il y soit, la porte reste fermée. Et c'est comme ça qu'on ne fait pas de cinéma !

Et pourtant... Entendre : « Viens, on va tourner un beau film », quel bonheur !

Quand je revois *Tendre Poulet, La Vieille Fille, Docteur Françoise Gailland,* c'est dimanche ! Aujourd'hui, il n'y a plus cette perfection dans les dialogues, dans les idées, plus ce respect des acteurs. Il y avait, alors, une joie qui n'existe plus. Quand on partait tourner *On a volé la cuisse de Jupiter,* en Grèce, c'était la fête ! Les gens qui faisaient ces films, les metteurs en scène, les producteurs, les dialoguistes (ah, Audiard !), c'était la famille. Comme en Italie, chez Nino, quand on se retrouvait avec Mastroianni, Monicelli, Monica Vitti, Claudia Cardinale, Liz Taylor, Richard Burton... C'est la famille perdue.

Le cinéma souffre. Il manque d'amour. Le manque d'argent, on fait avec. J'ai campé, joué dans des garages, ce n'est pas grave. Ce qui compte c'est l'idée, la sève. Ça marche ou ça ne marche pas mais c'est l'aliment qui te nourrit, te porte, te donne ton envol.

C'est l'histoire qui permet la rencontre entre l'acteur et le metteur en scène. Seulement, voilà... Il faut de l'argent, trouver des producteurs, relancer les banques. Et puis il y a les exploitants et s'ils disent : « Oui, peut-être, mais nous, ta vedette, on n'en veut pas à Bourg-en-Bresse », le projet capote et l'acteur reprend sa place dans la file d'attente.

Il était une fois une jeune actrice timide, pas vraiment belle, qui remontait les Champs-Élysées, les grands boulevards et les faubourgs de Paname. Au cinéma, elle se cachait tout au fond, derrière l'ouvreuse et son panier de friandises, pour guetter les émotions et les rires du public, la tête des spectateurs.

Il était une fois le public qui sortait de son logis, de l'autobus ou du métro ; baguenaudait un peu avant de s'engouffrer dans un cinéma le cœur battant à l'avance, dans l'espoir de voir un beau film.

Il y a longtemps, très longtemps, la séance débutait par des actualités. Après, il y avait un court métrage et à l'entracte, des variétés. Dans les cinémas de mon quartier, j'ai vu Fernand Raynaud et Yves Montand en lever de rideau. D'accord, ça ne date pas d'hier, mais tout de même, quel spectacle ! Comme on disait alors : « On en avait pour son argent ! » Quand la lumière baissait, il passait dans le public comme un frémissement. Les spectateurs avaient l'impression de pouvoir jouer des claquettes avec Fred Astaire et Ginger Roger's ; de plonger avec Esther Williams ; de rentrer chez eux en diligence ; d'être Marlène Dietrich ou Dorothy Lamour avec ses nénuphars, Marilyn et son youkoulele.

Aujourd'hui, que trouve-t-il, le public ? Des portes froides, des tickets et des guichets grippés, des ouvreuses maussades, des affiches démultipliées, incompréhensibles. Même en changeant mes lunettes quand quatorze affiches se bousculent au portillon, c'est difficile de déchiffrer un titre !

Exit Jean Mineur et sa vache galopante ! Fini le frisson qui t'emmenait irrésistiblement vers l'inconnu, le délicieux. Un jour, on a crié « Au secours ! Le public ne va plus au cinéma ! » Erreur ! Il ne demande pas mieux que d'y aller mais il est fatigué, lassé, déboussolé. Le cinéma a perdu son souffle, son secret, sa poésie. Les films sortent en quatrième vitesse dans soixante salles à la fois et sont jugés sur leur nombre d'entrées. Vendus à la criée, prisonniers du système, les acteurs sont obligés de paraître aux émissions d'actualité, de variétés, bref à la télé qui débite des extraits hachés, saucissonnés, écartelés. Non, pas d'extraits ! Un film c'est une pochette surprise, ça ne se vend pas comme un baril d'Ariel. Quand j'entends un acteur à huit heures aux infos, à neuf heures à la radio et à onze heures à la télé, que reste-t-il de son mystère, de sa pudeur ? Nous sommes éventés, javellisés, pasteurisés. Laissez-nous nos petits défauts, ce sont nos ingrédients. Si tout est bien ciré, lisse de partout, quel intérêt ? Ne soyons plus livrés à la sauvette à un public ennuyé qui nous dédaigne. Un film est fait de tant d'amour, d'espoir, de solitude. Laissez-nous en paix. Moins de salles mais de belles salles, pas des boîtes d'allumettes minuscules. Des émissions de télévision mais des émissions pour le plaisir, pas des parcours obligés. Quand Michel Drucker faisait « Les invités du Dimanche » (une des meilleures émissions de la télé) c'était le bonheur. Il invitait de grands acteurs américains, Louis de Funès ou Belmondo pour le plaisir de bavarder ou de dire bonjour (et en direct s'il vous plaît !), parce que c'était dimanche, la fête, la poule au pot. Aujourd'hui, c'est tous les jours lundi.

Quand j'ai vu *Z* dans une salle de mon quartier, il y avait vingt spectateurs. La semaine d'après, il y en avait dix fois plus et le film est devenu un triomphe parce que le public l'avait décidé sans battage ni publicité. Au départ *Mourir d'aimer* a été projeté dans trois salles ça n'a pas empêché le film d'être un succès.

Retrouver le goût du cinéma c'est s'y rendre en tapinois. Rendez-nous le mystère, le ouaté, l'artisanat ! On a voulu nous faire croire que le public n'aimait plus le cinéma. Mensonge ! On l'a assommé de slogans. Il a perdu son appétit, son envie. Le désir du public, pour nous acteurs, c'est notre boussole, notre bâton blanc d'aveugle, ce pourquoi on se défonce pour lui crier la vie, la joie, l'humour dont il a besoin.

Où s'en sont allés la féerie du cinéma, l'inimitable, le petit je ne sais quoi qui passait par là ?

Le cinéma est devenu une affaire de gros coups. On te donne, mais uniquement pour que toi, tu donnes ton maximum. Si on savait... Un comédien, pour donner, il ne lui faut pas grand-chose : une caresse et c'est tout. Jamais il ne jouera au summum dans le désespoir ou la rage.

Aujourd'hui, on ne laisse pas le temps aux débutantes de s'habituer, d'apprendre. En l'espace d'un film, des gamines passent du stade de starlette à celui de star déchue. Elles sont propulsées en haut de l'affiche en trois minutes et demie et se retrouvent en train de pointer au chômage l'heure d'après. Ce succès qui leur tombe, d'un coup, sur la tête, elles n'y sont pas préparées. Elles n'ont pas eu le temps de trouver et d'imposer leur style contre vents et marées. A mes débuts, tout le monde disait : « C'est une soubrette ! » Meyer, mon professeur au Conservatoire, affirmait : « Non, c'est une dramatique ! » Sur ce, Jean Cocteau, qui montait *La Machine à écrire*, m'a engagée et, de ce jour, je suis devenue une jeune première dramatique ! En fait, je pense que je suis douée pour les deux parce que je ne crois pas que, dans une seule journée, on soit Jean qui rit ou Jean qui pleure. On est tellement de choses, on est tellement fragile.

Pour s'imposer dans ce métier, il faut savoir prendre des bouillons, dévaler l'escalier, remonter de six marches, dégringoler de treize, encaisser les hauts et les bas.

Moi aussi, encore maintenant, je n'arrête pas d'en avoir. Après *Vivre pour vivre, La Vieille Fille, Mourir d'aimer,* on a dit : « Elle tourne trop ! » Je suis revenue avec *Docteur Françoise Gailland,* jusqu'au moment où je me suis retrouvée dans des films sans odeur. J'expliquais :

« Il faut récrire le sujet !

— Toi, tu es une vedette. Reste sur ton piédestal ! Ce n'est pas ton boulot. »

Ce n'est pas mon boulot, peut-être... N'empêche, c'est moi qui joue et quand je dis que ce n'est pas bon, c'est pas bon !

Je crois à certains principes, à certaines options. Si je me suis trompée parfois, c'est en accordant ma confiance à des gens qui m'ont déçue. C'est vrai, je suis idiote mais je ne sais pas si je dois me changer parce que, à tout prendre, je préfère être couillonnée plutôt que de calculer. Et puis je finirai bien par le trouver, celui qui sera intègre.

*La Comète est arrivée*

De toute façon, il faut avancer. Tu ne peux pas rester inutile ou alors tu es un rond-de-cuir, tu es en bois, tu es en rien, en attente de rien.

Je ne sais pas pourquoi un acteur qui tente l'aventure et qui échoue, est bon pour la chaise électrique, banni de la société, méprisé par sa famille. Aucun métier au monde ne permet cela. Si tu dis à ton charcutier : « Votre jambon est dégueulasse ! », il te saute à la gorge. Si, en plus, tu ajoutes que sa femme ne vaut guère mieux, il te traîne devant les tribunaux. N'importe quel individu a le droit de se défendre. Nous, non ! Il m'est arrivé de me demander si j'étais toujours une citoyenne à part entière puisque je n'étais plus crédible aux yeux de la voisine ou du pompier. Dans ces moments-là, tu chiales mais ça ne sert à rien. Pourtant si tout ce que tu as donné n'est pas tombé dans le bon sac, peut-être ira-t-il vagabonder et glisser en zigzag dans un recoin caché.

Un beau jour, la concierge balayant l'escalier criera, tétanisée : « La Comète est arrivée ; elle n'est pas tombée loin ! »

Et il pleuvra des fontaines d'intelligence, et de tolérance.

C'est quand même un métier à hauts risques ! Jean-Louis Trintignant, Michel Piccoli, Marielle, Rochefort et tous les autres, les bons, les pros, ce ne sont pas eux qui viennent me juger ou me dire ce que je dois faire. Eux, ils savent ce que c'est d'en prendre plein la gueule, de réussir mais aussi de rater. Il faut pourtant croire à l'impossible, comme Marie-Louise, l'héroïne des *Feux de la chandeleur,* qui croit envers et contre tout que son mari reviendra. Elle passe pour une folle mais elle a une telle ferveur, une telle innocence, qu'elle infléchit l'ordre des choses. Elle a une énergie chevillée au corps qui la porte et l'entraîne au-delà de la certitude.

On ne sort pas d'un tel rôle indemne. A un moment, il faut se réveiller ! Quand on me demande pourquoi j'ai accepté d'être Gabrielle Russier dans *Mourir d'aimer,* c'est comme si on me demandait pourquoi je ne fais pas le service militaire ! A quoi ça sert de faire les clowns au music-hall quand on a la chance, le pouvoir de dénoncer.

Parce qu'elle aimait un garçon plus jeune qu'elle,

Gabrielle Russier a été bannie, salie. On lui a interdit d'exercer son métier de professeur ; on l'a enfermée dans la prison des Baumettes ; on a raconté qu'elle était lesbienne, droguée. Elle était jeune, exceptionnelle, rare. Elle était belle, elle irradiait. Le monde peut continuer à exister parce qu'il y a encore des femmes comme elle, et pourtant, elle s'est tuée parce qu'elle n'en pouvait plus. Vous supporteriez, vous, qu'on vous retire vos droits civiques, moraux, votre honneur, votre identité ? Elle s'est sans doute suicidée mais c'est notre société qui l'a tuée.

Ce film a changé ma vie. Je ne serai plus jamais la même. Quand il est sorti, des spectateurs sont venus me trouver. Ils ne parlaient plus à Annie Girardot, ils parlaient à Gabrielle :

« Si nous avions été au courant, nous n'aurions jamais laissé faire une chose pareille ! »

Dans cette affaire, où est le civisme ? Où est la fierté ? Où est l'humanité ?

# 8.

# Ma cicatrice intérieure

*« Écoute, ma cicatrice intérieure,*
*Ce sont les hommes qui me l'ont faite.*
*Sais-tu, vilain bobo sur le cœur,*
*C'est le manque d'amour qui me l'a fait.*

*Écoute, si j'ai le goût à douter,*
*Ce sont les hommes qui me l'ont donné.*
*Vois-tu, ma mauvaise arrière-pensée,*
*C'est le manque d'amour qui me l'a dictée. »*

C'est beau, non? Un homme m'a écrit cette chanson. Il est arrivé et je l'ai gardé.

On ne s'est pas dit : « On va acheter un bel appartement, une voiture de luxe et filer le parfait amour aux Bahamas ! » On a choisi un théâtre fermé et froid, gardé par un concierge et son chien. On a découvert ses trésors cachés · l'escalier de trente et une marches, l'électricité en 110, son mystère, sa nostalgie.

Fermé depuis trois ans, le Casino de Paris était condamné à devenir un parking ou une salle de jeux. On a dit : « Banco ! » Vogue la galère ! Avec nous Catherine Lara pour la musique ; Guesh Patti, Jackie Quartz ; Rouveyrollis pour l'éclairage ; Jean-Paul Gaultier pour les costumes. Aujourd'hui, s'il fallait refaire une telle distribution...

Le Casino de Paris...

« On n'ira pas voir Girardot descendre le grand escalier avec une plume dans le cul ! »

On peut tuer un être non seulement par manque d'amour mais par vilenie, incompétence, crachats.

J'ai connu Bob dans un studio d'enregistrement. J'aime la musique, c'est ma vie. J'ai chanté Van Parys, Sauguet (*Les Forains*), Hanoteau (*La tour Eiffel qui tue*), Francis Lai (*Vivre pour vivre*), Gainsbourg, Aznavour, Polnareff et j'en passe. J'ai joué *Le Jour de la tortue*, une comédie musicale ; participé à des émissions de variétés à la télévision, Carpentier ou autres. J'ai récité poèmes et chansons au Lapin agile, à la Rose rouge, au quartier Latin. Je faisais partie de l'équipe des Branquignols : Dugudu, Robert Dhéry, Brosset et Serrault, déjà lui ! J'ai même chanté à la Scala de Milan. Je n'avais donc pas attendu un homme pour débuter dans la chanson. Je n'ai pas découvert la musique sur le tard. Je n'ai pas été époustouflée par la chansonnette !

Il n'y a ni homme, ni Dieu, ni amour qui puisse me dicter ma vie professionnelle. Mes folies, je les fais moi-même. A l'époque, mon désir d'arrêter le cinéma était le mien.

Si j'avais dû obéir au bon vouloir de ces messieurs, je serais restée en Italie et je n'aurais pas passé mon temps entre ciel et terre. Je n'aurais pas été obligée, plus tard, de me cacher pour tourner parce que le comédien, avec lequel j'étais alors, ne supportait pas mon succès.

Je suis fatiguée d'être en avance, de semer les petites graines que vous utilisez mal. Vous êtes sourds et vous n'entendez que la grosse caisse.

Je dis cela aux journalistes véreux et autres ramassis. S'il y a eu échec au Casino de Paris, il est le vôtre. Parce que, le spectacle, vous ne l'avez pas vu. Vous parlez à tort et à travers. Vous n'êtes pas humains. Vous êtes dangereux ! Avec vous, ça ne sert à rien de montrer patte blanche. Vous êtes les Raminagrobis de notre profession qui n'est pas la vôtre, ne confondons pas !

Il y a toujours eu des critiques, des professionnels, des vrais ! Avec eux, je n'ai jamais eu maille à partir. L'art d'un grand journaliste, c'est son intelligence, sa pudeur, son amour et son talent. Il juge un travail, une pièce, un film, et il les juge comme tels. Je n'ai jamais remercié ou contesté une bonne ou une mauvaise critique. C'est le jeu. C'est la loi. Mais vous, les autres...

Vous m'avez salie auprès de ma famille, de mes amis, aux yeux du cinéma que je crois avoir servi dignement. Vous avez tué le spectacle, l'envie du public. Vous avez tué le mystère du comédien, sa folie, son imagination. Vous avez privé le public de ses idoles. Vous nous avez débités en tranches et vendus dans vos supermarchés. Vous nous avez déshonorés.

Comment avez-vous pu prendre des photos de Brel mourant sur son lit d'hôpital ? Annoncer le cancer de Fernandel de son vivant ? Tuer Dewaere par votre venin ?

« Vas-y, tue-le ! Gauche ! Droite ! Uppercut ! Vise-le au foie ! »

Pauvre boxeur tuméfié qui titube.

« Vas-y, descends-le ! »

Comme la violence est belle à regarder ! il va crever, le taureau, olé ! Mais le direct que tu prends au cœur, il est feutré. Il arrive au ralenti pour mieux passer inaperçu et frapper.

« Enchaîne ! Droite ! Gauche ! »

Ses jambes ne le soutiennent plus. Ultime folie du boxeur pour arriver au bout du parcours, l'estomac troué. Le taureau sanguinolent mord la poussière.

« Mets-le K.-O. ! Achève-le ! »

Il tombe. Le tapis devient moquette, le jet de l'éponge, une claque, une misère. Le gong ! Les cloches carillonnent dans sa tête...

1er round : en direct, l'agonie d'une petite fille au Mexique !
2e round : sur le vif, le fils de Romy Schneider sur son lit de mort.
3e round : le Japonais cannibale raconte : « Comment j'ai dévoré l'étudiante en médecine ! »
4e round : Isabelle Adjani a le sida !
5e round : Isabelle est morte.
20e round : Bernadette Lafont monte un coup publicitaire pour la sortie de son livre.
30e round : Pauline Lafont, droguée, est enfermée dans un asile.
50e round : le corps de Pauline Lafont retrouvé dans un gouffre. La mort est suspecte !
100e round : exclusif, les cadavres du Liban, les tripes à l'air.

Charognards ! Vous, les spadassins de la presse à scandale, vous entachez le journalisme et ses pionniers qui ont payé de leur vie leur courage d'informer. Vous êtes la décharge de vos échecs, de votre méchanceté, de votre ignorance. Vous êtes bêtes à manger du foin.

Vous êtes des tueurs à gages, vulgaires dans tous vos actes, nuls !

Mais chez vous, comment vivez-vous ? Vous ne vomissez quand même pas sur le buffet ! Vous n'écrasez pas vos mégots dans la bouche de votre gosse ! De quoi vous nourrissez-vous ? Du petit sandwich cocktail que vous chouravez au passage ?

Votre petitesse, votre méchanceté, ça suffit ! Si vous osez le moindre postillon, la moindre insulte, je vous tue ! Vous ne parlerez plus à ma place. Vous n'avez pas mon talent, ma joie de vivre, ma santé. Vous allez traverser un beau désert comme vous me l'avez si souvent susurré.

Voilà, je suis encore vivante et je vous emmerde !

# 9.

# Sacré cinéma

*Loup, y es-tu ?*

La vie est bizarre et coquine... Des échos de canons, de mitraillettes, de cris, de chagrin sur fond de champs de blé, d'odeurs de crottin, de poudre, de désolation.

Me revoici, non plus dans ma charrette mais sur mon petit vélo qui m'a rejointe après quarante-quatre années. Il n'a pas changé et il m'emmène, il connaît le chemin.

« Silence, merde, on ne s'entend plus ! »

Une explosion, un cui-cui isolé. C'est extraordinaire, il y a toujours une similitude entre ce que je vis ou ce que je m'apprête à vivre et des sentiments ou des événements que j'ai déjà connus.

« Attention, on va tourner ! » Un avion passe en rase-mottes. « Moteur, partez, les cyclistes ! »

Juin 44. Trois petits vélos, maman, Jeannot et moi, se métamorphosent. Fondu enchaîné.

Juin 88. Trois bicyclettes se superposent. Je deviens Marcelle, ma petite mère; mon fils, Michel, prend la place de Jeannot; la troisième selle vacante est pour un feu follet, Ÿvette, mon amie de rencontre, mon amie Sabine Azéma.

*Cinq Jours en juin* : premier film de Michel Legrand. Un voyage à bicyclette de Paris en Normandie. Le contraire du chemin que j'ai suivi quarante-quatre ans auparavant mais tout se retrouve. J'ai l'impression de jouer à la poupée, de faire la dînette.

Un retour en arrière, c'est aussi, encore et toujours, un retour au cinéma et à ma vie. Je ne m'en sortirai pas.

Quel joli retour de manivelle! Cinéma, tu es là... Je savais bien qu'il n'était pas loin, caché par-ci, par-là; qu'il était là tout à l'heure, il y a quelques minutes, quelques années. Je le retrouve derrière le bosquet, il m'a fait peur, le fripon. Sacré cinéma, tu m'as fait une bonne farce!

La Belle au bois dormant lève un œil. Je sors de mon sommeil comme la taupe à la fin de l'hiver. Je suis tige et feuilles qui se redressent, électricité, les moteurs grippés reprennent le cours de la conversation.

Je crois que je suis belle puisque j'existe. Oh, je suis toute grande, maintenant! Je vais devoir changer ma garde-robe... L'automate rouillé se remet en marche. Enfuis les bobos, les rhumatismes, la soupe à la grimace. Envolés les intermédiaires, direct du producteur au consommateur. Je réapprends à parler. B.A. = BA. La mariée est là, toute frémissante. Mon aimé m'attend. C'est mon anniversaire, Noël, jour de l'an, Pâques, 14-Juillet, la fête à Neu-Neu, pétards, flonflons et mirlitons.

Oui, j'arrive ! Quand on n'en veut plus, on en veut encore. Je viens de comprendre que mon heure n'est pas forcément celle des autres et qu'il ne faut pas s'énerver. T'as compris, toi ? que tu t'appelles Alfred ou Pétronille. Soyons économes de notre énergie, ne nous gâchons pas ! Ne nous éparpillons plus. Tout est trop rare. Soyons rares ! Désormais, je m'appelle Désirée, c'est pratique et c'est coquet !

Heureusement, mes valises, ballots, baluchons sont intacts. La fraîcheur, la vulnérabilité, le talent, le rire étaient dans le frigo. Ils attendaient seulement le feu vert. Fini de bayer aux corneilles. Bobards, billevesées, je n'ai plus le temps. Attention au grand méchant loup qui va vous manger tout crus et se lèche déjà les babines.

« Loup y es-tu ? Entends-tu ? »

J'enfile mon crêpe Georgette, j'accroche un œillet à ma boutonnière.

« Loup y es-tu ? »

Je lace un escarpin ; je lisse mes moustaches ; je noircis mes cils ; j'arrondis mon œil ; j'allume mon sourire.

« Loup, tu es là ? »

J'arrive, je mouche mon nez !

« Tu viens, le loup ? »

Oui, je rue dans les décors ; je prends mes jambes à mon cou ; je tricote une java. Je sors de rien pour aller vers tout. Il pleut des radis dans mon assiette ! (Pourquoi pas ?)

*Allez donc dans l'église...*

Me revoilà ! Et avec moi, les trompettes, l'amour de la troupe, la confiance des machinos, la fidélité et l'honneur d'une équipe. La discipline, le goût du travail bien fait, la drôlerie de l'accessoiriste.

Le metteur en scène est là, présent à tout moment. Il n'est pas aveugle, lui. Il voit bien. Il te devine, te précède. Il t'aime. J'ai, dans son regard qui me transperce, l'assurance d'être, enfin, dans un wagon de première classe.

Le scénariste et son dialogue frais, nouveau, inattendu.

L'opérateur et sa lumière diaprée, irisée, une caresse. C'est vrai, un acteur, ça ne demande pas grand-chose : une caresse, une main tendue, un regard. L'amour, quoi ! qui est essentiel, la confiance, la certitude d'être bien vivant.

Le cadreur, l'assistant opérateur, stéthoscope en main, auscultent la déesse caméra. Le totem, la messe noire, la grosse gloutonne, l'ogresse qui t'aguiche, t'envoûte, t'ensorcelle avec son objectif qui t'attire, t'aspire, qui te gronde, te fait les gros yeux. Coquette qui joue à cache-cache avec mon émoi. C'est elle, la postière qui trie les lettres. Je l'ai vue. Elle reflète Garbo, Marilyn, la pampa, les îles du soleil, Gary Cooper, Valentino, Fred Astaire. Elle les cache dans son gros ventre bien dodu. Elle tousse ? Catastrophe ! On appelle le producteur. Elle fait des caprices ? Allô, le spécialiste des maladies nerveuses ? Oui, elle est capricieuse, insupportable parfois, mais qu'est-ce qu'on l'aime ! Elle est soignée, brossée, frictionnée tous les matins. Je suis sûre que le dimanche et les jours fériés, elle boude. Elle s'ennuie, on lui manque. Tant pis pour toi, vilaine ! Allez, je t'embrasse. Fais-moi belle, fais risette, ouvre-toi, ouvre-moi, que je te jette la graine, le charbon, l'étincelle, le friselis.

Sur le plateau, il y a plein de monde. C'est une plaque tournante. L'assistant stagiaire t'apporte un petit café, le maquilleur taille ses crayons et une bavette pendant qu'il y est. L'habilleuse, distraite, laisse son fer et sa planche à repasser sur le parvis de l'église, au milieu des grues et des échafaudages. La comptable court après les défraiements. L'accessoiriste lance, en passant : « C'est pas tout ça, mais tous ces arbres qu'on a déplantés, qui va les remettre en place ? » Faut savoir que le metteur en scène voulait un cerisier pour une scène et qu'il n'y en avait pas. Le décorateur a trouvé un vieil arbre qui n'en pouvait mais, et ils l'ont replanté. Là-dessus, l'orage. Pas de tournage. On a remis un autre arbre, tout fatigué et on y a accroché des cerises achetées chez l'épicier du coin. Finalement, dans l'œil de l'objectif, c'était mieux que la réalité !

Tiens, un hélicoptère ! c'est le producteur qui arrive tout droit de Paris dans son fauteuil de moleskine.

« Annie, si vous voulez mettre une dernière touche à votre maquillage, allez donc dans l'église ou dans la chapelle, vous y serez plus tranquille ! »

Les machinos poussent leurs chariots, une, deux, une, deux, direct à la caserne des pompiers. L'ingénieur du son est dans le clocher. Le perchman parcourt la campagne à bicyclette, short retroussé et chapeau à plume. Avec sa perche et son micro enveloppé d'une espèce de moumoute façon fourrure pour le protéger du vent, il enregistre tous les bruits qui passent par là. Il a une drôle d'allure, même les vaches en sont estomaquées.

Le décorateur loge chez la concierge. Il devient baby-sitter, la conduit chez le boulanger, arrange ses rideaux, change la tapisserie, la moquette, pendant qu'il y est, pardi ! Le régisseur se tape la cloche dans la ferme voisine.

« Bon, vous mettez deux morts dans le fossé, quatre soldats éparpillés dans les champs et pour l'explosion du camion, dites aux effets spéciaux de se munir de pneus, pour l'incendie, ça brûle très bien. Attention, moteur ! Annie, tu as déjà vu des Allemands en uniforme ? »

Une trouée dans ma mémoire... Deux boches ivres, sonnant une nuit à notre porte en braquant un revolver. Maman a eu la présence d'esprit de détacher notre chien Bobby, qui s'est élancé contre la porte. Heureusement le revolver s'est enrayé et ils sont partis. J'ai fait beaucoup de chemin depuis, mais quand même, je suis toujours surprise par ce passage continuel de la vie à la fiction.

« Ça va pas, mon vieux ! tu dois vider les sacs à main avant la valise. Tu as compris ? » demande le conseiller technique à un soldat casqué. Brusquement, il blêmit. L'officier allemand est l'un des producteurs. Une lueur hiérarchique et téléphonique passe dans son regard, un souci énorme lui fronce les sourcils... « Merde, je vais être fiché dans le rapport ! Allô, Sécu, Assedic, chômage perpétuel... »

Tiens, l'hélico décolle. Au fait, pourquoi est-il venu, le patron ? Une voix : « Pardi, pour dépenser du kérosène aux frais de la production ! » Et il s'envole tel le Messie, et toute la troupe et les chiens le regardent s'éloigner. C'est la pause !

Oui, le cinéma, c'est une famille, une belle histoire

d'amour. Nous ne sommes pas ordinaires. Nous sommes des prestidigitateurs. Nous galopons de la préhistoire à l'odyssée de l'espace en passant par la guerre de 14, la Renaissance, les Deux Orphelines, la Révolution, avec le même humour, la même gravité. Nous n'avons pas d'heure, de convention, de logique. Toute l'équipe conjugue le présent, le passé, le passé composé, le futur antérieur, le conditionnel. Nous jonglons avec le temps, les situations, les émotions avec le même bonheur, le même appétit. Tourner en dehors de Paris — en extérieur — nous conduit à être plus présents, efficaces, disponibles. A Paris, il y a le téléphone, les impôts, les obligations, bobonne, la sousoupe... Ici, on est libre, entièrement tourné vers le film que l'on place au-dessus de tout.

N'empêche, nous sommes des malappris, des sans-gêne. On empiète sur les autres, on envahit le territoire tel le serpent qui fascine et laisse les passants pantois. On s'installe chez l'habitant, on fouille dans son frigo, on met grand-mère dans le placard, on chipe le petit coin, on pique son téléphone. On lui coupe le sifflet, on lui prend sa chaise — on le retient quand même au moment où il veut s'asseoir —, on ne l'attache pas au radiateur mais c'est tout comme. Terré, muselé dans sa cave, l'électricité coupée, les fils arrachés, le balancier de l'horloge *kaput*, on fait place nette jusqu'à la fin du tournage.

« Oh, petite madame! (poli quand même) nous

avons des problèmes avec nos chers camions. Vous n'auriez pas un seau, un broc ?

— Vous voulez de l'eau ?

— Non, l'eau, ça va. On la prendra dans la mare. Merci bien, je vous les rapporte.

— Attention à la marche ! » qu'elle dit.

Trop tard, l'accessoiriste s'est déjà effondré. On cherche une brosse... à cheveux ? à chaussures ? une balayette ?

« Peu importe, je me débrouillerai ! »

On a besoin de trois oies...

« Tout de suite, juste le temps de les plumer ! »

Quelquefois, on oublie un acteur sur le lieu de tournage. Face à la gare, Bernard Lavalette, épuisé, s'est endormi dans son fauteuil, jambes écartées, bouche ouverte, la tête appuyée contre le mur. Les passants, croyant que c'est encore du cinéma, marchent sur la pointe des pieds pour ne pas le réveiller. Le prochain train s'en chargera. Miséricorde ! la gare est désaffectée depuis vingt-cinq ans, alors le balayeur, l'arroseuse municipale...

Nous prierons pour lui !

La régie crèche à la sous-préfecture, les acteurs sont dans la rue, dernier salon où l'on cause, sur le trottoir ou sur la place du Palais-Royal. La cantoche : sur les Champs-Élysées ! Camping sous l'Arc de triomphe la nuit, quand tous les chats sont gris. Les automobilistes, gris eux aussi, ont intérêt à être prudents, un accident est si vite arrivé !

Les flics ne se distinguent plus des faux flics. Le curé qui passe par là, c'est le directeur de production, au moins, il est sur place. Économie oblige. Toute l'équipe : maquillage, habillage, amies de passage, est priée d'enfiler robes de bure et cornettes, et de partir en pédalant dans le vert bocage en chantant les matines. Le facteur qui sonnait par là avec son télégramme est embauché pour jouer les garçons de café. Il ne reviendra pas de sitôt.

« Fermez les fenêtres ! Cachez-vous ! On tourne. »

La voiture garée, là-bas, virée. L'autocar ? passez par-derrière ! L'ambulance force quand même le barrage. On exige le silence, on entasse les passants à droite et à gauche, suivant la scène à tourner.

« Chut ! ne bougez pas. Ne regardez pas la caméra ! Riez ! Hé, où allez-vous, madame ? Votre lait va déborder ? Traversez mais vite ! Arrêtez-moi les travaux en face, stoppez le marteau-piqueur. Attention, on tourne ! »

Le premier assistant immobilise les autobus, hurle très fort : « Moteur ! » Il fait très peur. Les curieux, les gens que l'on dérange, regardent ce drôle de cinéma incompréhensible. « Vous ne pouvez pas faire ça ailleurs ? Nous, on travaille ! » ; « Oh, regardez ! elle a la même peau qu'à la télé... » ; « Madame Girardot, c'est vous qui conduisez l'autocar ? » — Non, pourquoi ? vous voulez faire un tour ? » ; « Ah, Annie, ce que vous crachez bien ! » ; « Oh, ben, j'aimerais pas être à votre place ! »

*En route pour l'Eldorado*

Au fait, où est-elle, notre place?

On est à l'heure (très important!), à l'endroit où il faut être, sur un bulldozer, aux assises, à sa machine à coudre, dans un train, sanglé dans une voiture accrochée au bout d'un filin à cent cinquante mètres au-dessus du vide, dans un foyer familial avec les gosses qui te regardent, les doigts dans le nez. On pince les fesses de Carmencita, fleur à la bouche. On passe de l'Antiquité au faubourg Saint-Antoine, en calèche, en gondole, en Papou, en espadrilles. On devient commissaire de police, dame pipi, petit marin, Cléopâtre, Al Capone et sa bande d'abrutis, écuyère, espionne qui espionne Dieu sait quoi avec son regard lourd, Cyrano naseux et moustachu, vieille fille, fille de joie, handicapé, coureur cycliste, joueur de luth, gratteur de guitare, de la Renaissance au doux caboulot qui...

« fleurit sous les branches et tous les dimanches est plein de populo. »

« Annie, on peut y aller ? Alors silence partout, on tourne ! »

Passer au travers du miroir, n'être qu'un effluve, un soupir à fleur de peau. Je l'attends... Ça y est, l'émotion est là.

Ne pas la déranger, comme la biche, elle pourrait fuir. Chut ! elle arrive. Elle me fait signe. Elle pointe son nez. Elle se répand comme de la rosée parfumée. Elle est légère, racée, d'une élégance suprême. Il faut la respecter, elle est fragile.

Le ménage est fait. Tout est à sa place. L'avaleur d'images, d'émotion, est aux aguets. Chacun, dans sa bulle, attend, le cœur battant. La technique, l'ardu sont prêts pour l'envol. On peut mettre de la musique. Un dernier raccord avant la cérémonie. Une houppette qui poudroie en étincelles d'or. Les fleurs, sur le guéridon, pleurent à l'avance, ne pouvant contenir leur émotion. La lune, le soleil sortent de leur éclipse. La pluie, l'éclair, le vent sont là, à disposition. Les sanglots longs dans leurs violons.

On vous prépare un joli voyage.

En route pour l'Eldorado !

*Patapouf*

C'est beau, le cinéma, mesdames, messieurs ! Vive le cinéma ! Soit dit entre nous, allez plutôt le voir assis dans un bon fauteuil, l'esquimau à la bouche. Vous y verrez alors l'évidence, car les fouillis, l'incohérence nécessaires à la création s'évanouiront. Apparaîtra alors le film, sa magie et son rêve, et l'acteur avec ses rigolades ou sa mélancolie.

L'acteur, c'est un gros patapouf avec des doigts de fée. Il cache sous sa fourrure tant de tendresse, de compréhension... Mais il est fragile, écorché, heurté, à fleur de peau, bébête ; quelquefois, il a besoin d'amour lui aussi comme la sacrée porte parce qu'il a un cœur tout gros, tout gros. Il en a fait des entrechats, des sauts périlleux, galipettes et contorsions pour se tenir debout et y rester.

Un acteur, c'est l'ouïe, l'odorat, le toucher. Il sait ce qu'il doit te dire, quand il le veut, comme il le veut. D'où nécessité, bien sûr, d'avoir une motivation très forte, un sujet, un dialogue, un texte. Et ce texte, il lui rentre partout, l'envahit, l'imprègne, prend sa place, se substitue à son regard, à sa pensée. Ce texte, l'acteur doit l'assimiler et quand il devient son langage, sa respiration, eh bien, il le laisse tomber. Mais il le laisse tomber vraiment comme ça ! Boum, qu'il fait par terre. Libre à lui après de jongler avec le dialogue.

Où est la vérité, le mensonge ? Je ne vous le dirai pas. C'est à moi, je fais comme je veux, c'est moi la chef. Et puis que vous importe puisque je vous accroche, je vous bouleverse, je vous tords de rire.

Un acteur se doit de t'arrêter pour t'aider à réfléchir, t'aider à dénouer pas mal de problèmes. L'acteur, c'est toi, c'est l'autre, c'est chacun d'entre nous. C'est aussi ta réflexion, ton audace, ton courage, ta possibilité de correspondre, ton alphabet morse, ton téléphone sans fil. C'est du cœur à l'œil et l'œil droit au cœur. C'est l'indulgence, le pardon, celui qui te fait supporter une réalité pas très belle ou tenir debout.

Un acteur, c'est transparent, glouton, avide de sensations fortes. Ce que je dis à travers un film ou une pièce de théâtre, tu ne le retrouveras dans aucune gazette, dictionnaire, pas même au flash télévisé. C'est ma lettre d'amour parfumée qui t'arrive tout droit dans ta boîte aux lettres ou, par surprise, sous ta porte.

L'acteur, c'est le langage universel, c'est ta vérité. Il est intègre, sans favoritisme. Il se doit d'être propre. Il ne s'appartient plus. Il est à toi, à vous.

L'acteur, c'est ta coquetterie, ton désir, ton sexe, ta flamme, ton « Ah, si j'avais su... », ton arc-en-ciel. Il en a de la chance, l'acteur ! Il envoie sans récépissé, sans timbre poste, sa pensée, son secours, son bip-bip à l'autre bout du monde.

L'acteur, ça t'envoie en l'air, ça te préoccupe, ça t'agace, ça te gratouille, ça te dérange et il a raison de te déranger. Il n'attend que cela, le bougre. Il sait ce qu'il fait et pourquoi il le fait.

Je suis ta Cocotte-minute, ton édredon, ta compresse, ton oxygène, ton parachute. Que veux-tu en plus ? Dis-le-moi, je te donne ce que tu désires. Tu veux le Pérou ? Il est à toi !

# 10.

# Ma flûte traversière

Qu'est-ce qui m'arrive ? Je suis tout étourdie. La fatigue sans doute... Quel chemin parcouru, mais la route est faite pour le galop, le flamenco, la déchirure. Ah, ces mouchoirs de rire, de chagrin !

Allons vite nous reposer pour être belle demain matin... Je dis n'importe quoi ! J'écris comme je m'assois, de travers. Ça m'équilibre. Allez, je m'en vais dormir dans mon carton à chapeaux.

Oh, j'ai oublié de te dire, ma chambre d'hôtel est si petite qu'à peine entrée j'en suis déjà sortie. Le bouquet, le bouquet de ma vie, d'épis de blé, de rhododendrons, d'orties, de chiendent, de glycines est là sur la table, il s'en exhale une douce valse viennoise. La nuit étoilée pleine de lune, de ruisseaux, de brise marine et de boutons-d'or entre par la fenêtre entrouverte. La paix. Au-delà de la nuit, un autre jour, tout à l'heure, demain. Encore un regard en arrière ?

Ce soir, on a enterré notre vie d'acteurs, notre vie de

deux mois, d'amour, de talent, d'amitié. Le maquilleur a rangé ses houppettes, les projecteurs se sont éteints, on a échangé nos téléphones...

« Michel, tu me fais signe ? »

J'avais encore quelque chose à te dire... Ah, oui ! nous avons fait un beau travail, nous n'avons pas perdu notre temps. Non, je n'ai pas terminé un film. Je quitte des amis, mon équipe.

Foutu métier ! qui te bouffe, te grignote, te vide ou t'explose, qui t'enivre. Délicieuse ivresse, dure réalité. Et puis la peur, le doute, l'insécurité mais aussi la certitude, le cœur tout gros qui palpite ; cette route qui monte et qui descend ; ces étapes près de l'oasis ou sous le réverbère, sur le macadam ruisselant de pluie. Le chaud au cœur, le « on recommence, on verra bien, qui sait ? — C'est vrai ? — Oui, c'est peut-être vrai... ».

Et puis... le téléphone muet, l'attente insipide qui te désagrège. Ces bouffées de chaleur :

« Allô, oui...

— Non, pas encore, plus tard ! »

Cette arrivée qui n'arrive jamais ; tes problèmes, ta survie morale, pécuniaire. Désespérée, ballottante. Ton refus de la médiocrité, ton besoin d'exister.

Mais exister avec qui ? Ils sont tous partis, ces fantômes jadis bien vivants... Visconti, Cocteau, la Callas, Chanel, Audiard, Romy, Lino, Bozzuffi, Renato, Auclair, Truffaut.

Louise de Vilmorin : « L'inspiration m'est arrivée à six heures du matin en patins à roulettes. Je l'ai collée sur le papier tel un papillon. Là sur le papier, je l'ai collée, paf! »

Gabin : « Tiens, voilà la môme! » Oui, ta petite môme est toujours là. La Réjane continue. « Le plus grand tempérament dramatique depuis la guerre » (sic Cocteau) s'obstine.

Mes professeurs du Conservatoire : Henri Rolland, Georges Leroy, Chamarat, Billis...

La Comédie-Française : Debucourt, Clariond.

Le boulevard : Achard et son « Idiote », Miller et Marilyn : *Après la chute.*

La copine Marguerite...

Simone, Patrick, Coluche : « Pour le rendez-vous qu'on a raté. Coluche, l'enfoiré », gribouillis qu'il m'avait griffonné à Lille à un meeting avec François Mitterrand, quatre mois avant sa mort.

Orson Welles, John Huston, météores dans l'atmosphère, que fait-on maintenant ? On continue, bien sûr, mais comment ?

Oh, mes maîtres à danser, mes dresseurs de fauves, magiciens jongleurs, lancez-moi l'échelle. Virevoltez-moi. J'ai encore et toujours mon nez rouge et mes baguettes magiques.

Ce continuel éternel retour m'apprend que je retombe toujours à la même place.

Le petit matin chagrin tape à la vitre, glisse sur mes cahiers d'écolier. Il va faire jour. Je n'ai toujours pas dormi.

Merci à toi, Pétronille, merci à toi, Alfred, de m'avoir indiqué une autre issue, une autre possibilité. Moi qui étais incapable d'écrire une carte postale...

Au théâtre, ma liberté c'était en scène. Au cinéma c'était sur le plateau, loin des imbroglios. Mais l'écriture... Quand tu vis au rythme de ton homme, de ta mère, de ta famille ; quand tu dois être prête pour tous et un chacun, tu as l'esprit embouteillé. Et puis un jour, tu dis : non ! Je veux vivre à mon rythme, 1.2.3, à ma guise, marquise !

J'ai attendu cinquante piges mais, nom de Dieu, e bella la vita ! Prête, je suis. A tout, à rien, à vivre enfin cette vie qui m'est donnée, prêtée peut-être, que j'use avec usure. Libre enfin d'écrire ! De faire mon cinéma, mes dialogues, d'être mon propre auteur. De ne plus avoir besoin d'emprunter l'écriture de Ionesco ou d'Audiard mais de toucher le public avec des mots bien à moi. Cette découverte me bouleverse. L'écriture c'est comme la musique. Ça t'entraîne au-delà, ça te déshabille. Il faut respecter la cadence, les pauses, les accents graves, les envolées, les silences, le crescendo. C'est un chant grégorien, une flûte traversière.

Liberté, je m'abandonne à ton bon plaisir. Viens, ma porte est grande ouverte. Tu sais où me trouver... J'habite à trois larmes d'ici.

Annie

## TABLE DES MATIÈRES

CET OUVRAGE A ÉTÉ REPRODUIT
ET ACHEVÉ D'IMPRIMER SUR ROTO-PAGE
PAR L'IMPRIMERIE FLOCH À MAYENNE
EN AVRIL 1989

N° d'édition : 31837. N° d'impression : 27939.
Dépôt légal : mars 1989
Imprimé en France